いい人すぎて“結果が出せない人”のための問題解決術

Kuranari Hiroshi
(株)メンタルサポート研究所代表　倉成 央

大和出版

はじめに

どちらの生き方を選択しますか?

あなたは、こんなことがありませんか?

・すぐに報告しなきゃいけないことだけど、上司の機嫌が悪そうだと気にして報告できない
・部下に注意しなければならないのに、嫌われるのがイヤでハッキリ言えない
・仕事上言わなければいけないことでも、相手が不機嫌にならないよう遠まわしな言い方をしてしまう
・相手のプランに賛成できなくても、相手の気分を害さないよう、相手の考えに合わせて同意してしまう
・会議の席でみんなにどう思われるかが気になって、自分の本当の意見が言えない
・人と接した後、気をつかいすぎてとても疲れてしまう

こういう経験が多い人は、過剰に相手に気をつかいすぎてしまう生き方をしている可能性があります。

例えば、上司の顔色をうかがって、声をかけるタイミングを計りすぎ、帰社後すぐにしなければならない報告をしそこね、結果として「なぜ早く報告しなかったんだ」と叱責《しっせき》される。

すぐに軽やかに上司の席に向かい、言うべきことを伝えたほうが、うまくいったのに……。もちろん本人には悪意があったわけではなく、むしろ相手に気をつかった結果、少し相手を優先させすぎた結果なのです。

このような過剰に相手を優先してしまう行為は空回りに終わり、自分にとってはストレスになる上、かえって仕事の生産性や自身の評価、周囲との関係を悪くしてしまいます。

自分の気持ちを優先するばかりで、相手に気をつかわないというと、わがままで嫌われ者というイメージがあるかもしれませんが、決してそうではありません。それは、過剰に相手に気をつかうことなく、また相手に流されることなく、自分らしく、〝本当の自分〟を表現して生きる生き方です。

相手を優先する＝相手に同調、過剰な気づかい、自分を抑える、自己表現できない

⇔

自分を優先する＝相手に過剰に気をつかわない、自分の考えや気持ちを表現、本当の自分を表現する、ストレスがたまらない

あなたはどちらの生き方をしたいですか？

この本では、相手に気をつかいすぎる〝相手優先〟の状態から脱出し、自分の気持ちや考えをきちんと表現し、自分らしく行動する、いわゆる〝自分優先〟を目指す方法をアドバイスします。

私が心理カウンセラーとして接してきた多くのクライアントさんが、相手優先の生き方から脱出し、自分らしく生きることを手に入れ、仕事や人間関係が以前よりうまくいくようになりました。

この本は、そのクライアントさんたちが実施したトレーニング方法をわかりやすく解説しています。

相手優先の生き方から脱出した結果、多くの方々が、

・あまり遠慮せずに仕事で伝えるべきことを明確に伝えることができるようになってきた
・イエス、ノーがハッキリ言えるようになった
・自分の感情を自由に表現できるようになり、感情豊かに接することができるようになった

などの変化を体験されます。そして、

・気をつかっていた頃より、自分らしく生きている感覚
・気をつかっていた頃より、自分の能力が発揮できている感覚

を感じています。

そうすると、仕事も人間関係も人生もうまくまわりはじめます。

つまり、相手優先の生き方から脱出することは、仕事がうまくいくようになり、人間関係もうまくいくようになる。そして自分が楽に行動できるようになり、自分らしく生きているという実感を手に入れることになります。

この本で紹介するのはそのための具体的な方法です。

倉成　央

いい人すぎて〝結果が出せない人〟のための問題解決術……目次

第1章

相手を優先して自分を押し殺すのをやめよう
「できる人」は本当の自分が出せている

第2章
自分をきちんと表現できない22の心理
つい相手に合わせてしてしまうのはなぜ？

第3章 「どきどき」や「嫌」を感じることから始めよう

いい人すぎて〝結果が出せない人〟のための「感情のトレーニング」

第4章
いい人すぎて〝結果が出せない人〟のための「考え方のトレーニング」
〝あなた本来の力〟が生きれば仕事も人生もうまくいく

本文レイアウト……齋藤知恵子　企画編集協力……高田悦子

プロローグ

取引が減ったのは誰のせい？
言いたいことがハッキリ言えなかった営業マン

彼が本当は口に出したかったこと

入社7年目のAさんは、昨年から部署の業績を左右する大きなクライアントの担当を任されていました。彼がそのクライアントを引き継いで1年目には何も問題は起きなかったのですが、2年目になってある問題が起きました。

クライアントから彼に来期の契約量を20％もカットしたいと言ってきたのです。取引量が大きなクライアントなだけに、20％のダウンは彼の部署にとっても大きな出来事です。

でも、取引量のカットは決して彼のミスなどによるものではありません。取引量のカットはクライアントの会社全体の方針であり、経費節減のために来年度計画しているすべての予算を見直し、下方修正をした結果だったのです。

そのことをクライアント企業の担当者から告げられたとき、彼は、

「それは会社の決定ですので何ともならないんですよね？」

と愛想笑いをしながら、あきらめて尋ねただけでした。

クライアント企業の担当者からの返答は、

「ええ、会社の決定ですからね。難しいですね」

というものでした。

本当は真剣な顔で、「カットしてよい予算としないほうがよい予算があると思います。それを説明する資料を作りますので、一度予算の決定権を持っている部門長とお話しする機会をつくってください」と言いたかったのですが、それは頭の中で想像しただけで、言葉には出せませんでした。

言いたいことはあるんだけれど、それを口に出してハッキリ言えない。

彼が自分の会社に帰って、そのことを上司に報告するときも、

「クライアントの会社の方針で来年の取引は20％カットらしいんです」

と何となく他人事のような言い方です。だから上司からは、

「どうするんだ？」

と強く言われる。彼はその場を取り繕うために、

「何とか頑張ってみます」

と言ったものの、何とか頑張るあてはない。

それから毎日のように、上司からは「どうなったんだ？」と問い詰められ、でもクライアントの担当者にも強いことが言えない。

彼は、仕事が億劫《おっくう》になっていました。

なぜ上司があれこれ口出しするのだろう？

彼がこのような状態に陥ったのは、クライアント企業の担当者にも、上司にもハッ

キリと自分の言いたいことが伝えられていないから。

彼はもともと、言いたいことをハッキリ言えないためか上司が指示的に口を出してくることが多かったのです。

「君はもう少し仕事に情熱を持って取り組んだほうがいい」

「仕事の上でも私生活でも、目標を明確に決めたほうがいい」

などと日頃から〝ああしろ、こうしろ〟と口を出されることが多く、しまいには、

「君だって、もっと給料を上げていい車に乗りたいと思うだろ？　目標はいつも目に見えるようにしていなくちゃいけない。だから、このＢＭＷの写真をデスクに飾っておいたらいい」

とデスクには好きでもない車の写真を飾っている始末だったのです。

でもそれも、彼が「車には興味ありませんし、給料を上げたいと思って働いているわけではありません」とハッキリ言わず、「そうですね、ＢＭＷに乗れるようになりたいですね」と上司の話に合わせてしまったからです。

最初に彼が相談に訪れたとき、彼は「上司があれこれとうるさいんです」と嘆いて

いましたが、それは間違いです。

上司が指示的なのではなく、彼が自分の気持ちをハッキリ言わないために上司があれこれ指示的にうるさく口を出していたのです。

また彼は、「クライアントの取引が20％落ちるのは、別に僕のせいじゃないのに、社内ではまるで僕がちゃんとやっていないから取引が減ったみたいに見られているんです」とも言っていましたが、それも間違いです。

確かに彼の所属している部署の人たちは、「取引量が落ちたのは彼のやり方が悪かったからであり、他の人が担当していたらこんな結果にはならなかったはず」という見方をしていました。

彼がハッキリしないから、彼のせいのように見られてしまうのです。つまり、自分が思っていることをきちんと表現できないことで、言いたことが伝わらなかっただけではなくて、周囲の人からも誤解されやすくなってしまっていたのです。

彼は、**自分の言いたいことを言うと、嫌われるんじゃないかと思い込んでいた**のです。つまり、自分のことより、「相手が自分を嫌う」という**相手の気持ちを優先しすぎているの**です。

デスクのBMWの写真を外したワケ

しかしその後、彼が、〝本当の自分〟を表現できるようになってからこれらの状況は変わってきました。上司に、

「今までは、クライアントにハッキリと予算カットを見直してもらえるよう提案していませんでした。こういう提案をしようと思うのですが、意見を伺いたいと思いまして……」

とクライアントへのきちんとした提案がまだできていないことを話し、その上でどうすればいいのか相談を持ちかけました。

そして、その上でクライアントに予算の下方修正を見直してもらうよう頼みに行くことになりました。

「今さら申し訳ないのですが、もしできれば下方修正をもう一度考え直してほしいんです。それで、部門長さんにもお話をさせてもらえませんか？」

「今さら？　そりゃあ、無理ですよ」

「そこを何とかお願いしたいのですが。これは、御社にとってメリットのある話なのです。予算カットよりも、昨年までの予算でいったほうが受注増につながり、良い結果になると思っています」

「わかった、ちょっと部門長には話しておきますよ」

そうして彼はとうとう部門長との面談にこぎつけました。

結果はどうなったかというと、どうも彼が提案するのは少し遅かったようで、予算はクライアントの企業で決定済みだったため、もう来季の取引量減は避けられないそうでした。ただ、半期過ぎたときにはもう一度見直しをするという口約束をもらいました。

また、上司に対しても、

「今回の結果は、クライアントへのアクションが遅れた私のミスです。申し訳ありません」と謝罪し、

「他のクライアントで取引量を少しでも上げてカバーするために……」

と**自分の考えを言葉に出すようになりました**。

そして、デスクの上のＢＭＷの写真も外しました。

「私は車の写真はやめます」

「どうして？」

「お金や車が欲しくて仕事をしているわけじゃないとわかりました」

「じゃあ何のために仕事をしているんだ？」

「まだわかりません。今それを探している段階なんだと思います。ただ車の写真はそれを考える良いきっかけになりました。ありがとうございます」

こうしてAさんは〝**本当の自分**〟**が表現できるようになって、周囲の人から**〝**ダメだ**〟**と思われているような感覚が減っていきました。**

そして、職場に対して〝**自分の居場所がしっかりとある感じ**〟**が強くなり、職場での居心地がよくなってきた**のです。


なぜ、Aさんがこのように変われたのでしょうか。

まずは、その理由を見ていきましょう。

第1章

相手を優先して自分を押し殺すのをやめよう

「できる人」は本当の自分が出せている

人間関係がうまくいく人の最大のポイント

プロローグで紹介したAさんのように、対人関係がうまくいかなかったのが、うまくいくようになったのは、なぜでしょう。

いろいろな要因が考えられると思いますが、その大きなポイントは、

〝本当の自分〟を表現できるようになったから。

つまり、相手のことを過剰に気にせず、ありのままの自分を表現できるようになったからです。

ありのままの自分を表現するというのは、

自分の考えていること、そして自分の感じていることを表現できる

ということです。

〝本当の自分〟を表現できるというのはどういうことでしょうか。

感情を抑えきれずに自分の言いたいことをまくしたてるように言うことでしょうか。

例えば、相手に対して怒りの感情を持って感情的に「ワーッ」と何かを言うときなどはそうかもしれません。

「何で俺の言ったとおりに資料を準備しておかなかったんだ。何を考えているんだ、おまえは。バカ野郎！」

こういう言い方も確かに〝本当の自分〟を表現していると言えるかもしれません。でも、このやり方ではおそらく対人関係を円滑にしてくれません。このセリフを吐いても、それを聞いている相手に受け入れられるか否かを考えるとどうでしょうか？

多くの相手は感情的に言っているこの話を受け入れることができません。つまり一方的で相手に伝わらないやり方です。

この本では、こういう一方的なやり方ではなく、相手にも受け入れられやすく、対人関係をよくする〝本当の自分〟を表現できるやり方を目指したいと思います。

自分の考えや感情を表現するのですが、相手が受け入れやすいものの言い方で表現します。

どうして〝本当の自分〟が出せないのか

また、自分を偽って見せかけるという表現方法はどうでしょうか？

例えば、本当はそう思っていないにもかかわらず、

「私もあなたのおっしゃるとおりだと思います。その意見に賛成です」

などという場合です。

確かに自分の考えを述べているようではありますが、その内容はつくったもの、偽りです。

一時的にその場は対人関係がうまくいくようにも思えますが、本当の自分を知ってもらったわけではありません。だからやっぱり深い関係を築いていくことはできません。

そして、〝本当の自分〟を出さずに抑え込んでいるというのは、見えないストレスのもとにもなります。

それを重ねていくと、気づかないうちにストレスがたまってきて、そのうち、

・次第に本当の自分がわからなくなってくる
・自分のことに自信が持てなくなってくる
・自分のことが嫌になってくる……
ということになりかねないのです。

つくった自分ではない、〝本当の自分〟を表現する

この本では、こういう表現の仕方を目指したいと思います。

〝本当の自分〟を表現できるのがいいとはいっても、誰でもそれができているわけではありません。

できている人はむしろ少ないかもしれないのです。

〝本当の自分〟が表現できない大きな理由、それは、

自分より相手を優先させてしまうから

です。

相手を気づかって、

・自分が本当に言いたいことを言わない

・自分が本当に思っていることとは違うことを言ってしまう

これらは自分より相手を優先させているのです。

あなたは、100人中、何人に好かれたい？

私が開催しているグループカウンセリングの場で、参加されている方々に、

「これから100人の人と出会うとしたら、あなたは100人中、何人に好かれたいと思いますか？」

という質問をしたことがあります。

その答えは人によってさまざまでした。

「100人中80人に好かれたい」と答えた人もいれば、「100人と会ったならば、やっぱり100人全員に好かれたい」と答えた人もいました。

好かれたい人数が一番少なかった人は、

「もし100人中1人に好かれたならそれで十分」と答えました。

その方は男性で、確かにそのファッションも自分の個性をしっかり出していて、発言もどちらかというと歯に衣を着せずハッキリとものを言う人です。なので、確かに誤解も与えやすい人かもしれません。

彼は、こう言います。

「100人中10人に好かれるなんて無理だし、期待もしてない」

だからこそ、ハッキリ自分の考えが言えるのかもしれません。

じゃあ、実際のところはどうなんだろう、何人くらいに好かれているんだろうと、彼を知る人に彼に対する評価を聞いてみました。するとやはり、「ハッキリと言いすぎるから苦手」とあまり好ましく言わない人たちもわずかながらいました。

しかしながら、一方で、「彼はハッキリしていて気持ちがいいから好き」「彼がハッキリ言う人だから、こちらも気をつかわなくていいので楽だ」「ハッキリ言っているようだが優しいところもたくさんあるから好き」などと彼のことをとても良く言う人も6割以上もいました。

私自身もその彼に、気をつかうことなく楽に接することができ、話をしていて楽な気分と心地よさを感じます。

100人中1人に好かれたらそれで十分と思っているから、相手に気をつかわずに自分の考えや気持ちも表現できる。でも、そうやって他者と接していって、結果的には半分以上の人が良い評価をしている。

「100人中1人に好かれたらそれでいい」というのは、好きなものは好き、嫌いなものは嫌いと、自分の気持ちをハッキリ表現することになるので、一部の人たちからは敬遠されることもあっても好かれることも多いのかもしれません。

「誰からも好かれたい人」は好かれない!?

逆に、「**100人中100人に好かれたい**」という考えのもとに行動するとどうなるでしょうか?

できれば100人に好かれたいということは、誰からも嫌われてはいけないということになります。

そうすると、「巨人が好きで阪神が嫌い」という人と話すときには自分も阪神が好きではないように話さなければならなくなってしまい、「阪神が好きで巨人が嫌い」という人と話すときには自分も巨人が好きではないように話さなければならなくなってしまいます。

実際に「１００人中１００人に好かれたい」と答えた人は、**自分の意見を主張するというよりも、他の人の意見に同調する（相手の意見を優先する）**というやりとりが多く見受けられました。

その人が、周囲からどのように評価されているかを聞いてみました。

すると、確かにその人のことを悪く言う人はいませんでした。「良い人だと思うよ」「悪い人じゃない」「感じいい人だよ」と評価は上々。

でも、「１００人中１人に好かれたらいい」という彼に対するように、その人を「好き」と言った人はいませんでした。つまり周囲の人から「良い人」とは評価されていて、「嫌い」とは言われないものの、「好き」という明確な意思表示もなかったのです。

過剰に相手に気をつかい、同調するのは、〝本当の自分〟を表現することから自分を遠ざけると同時に、好ましい人間関係からも遠ざける結果になってしまうのかもしれません。

わかっているならばやめればいいのでしょうが、なかなか難しいものなのです。

実際には、言いたいことがハッキリ言えるという人より、「私は言いたいことがハッキリ言えない」、つまり〝本当の自分〟を表現できないという人のほうが多いようです。

成功している人は〝本当の自分〟が出せている

では、仕事で成功していると思う人を思い浮かべてください。

世の中での成功と一言でいっても、人によってどんな人が成功していると考えるのかは違うかもしれません。

ある人は会社経営がうまくいっている実業家を、またある人は多くの収入を得てい

100人中1人に好かれたら十分な人

VS

100人中100人に好かれたい人

る人を、また社会的に認められ高い地位についている人を、成功者と考えるかもしれません。

思い浮かべる人はいろいろな人であったとしても、どうしてその人が成功できたのでしょうか？　それを考えると、それもまたいろいろな要素があり、それだけでひとつの本ができあがってしまいそうです。

ただ、これだけは言えるかもしれません。

「成功している人は〝本当の自分〟が出せている」

つまり、自分を表現できているのです。

仕事で成功するためには、〝本当の自分〟を表現できることが必要なのです。

プロローグで紹介したAさんも、〝本当の自分〟が出せるようになると、仕事もうまくいくようになりました。

「私は成功したいわけではない」という方もいらっしゃるかもしれません。

成功したいかしたくないかはともかく、**〝本当の自分〟を出せることは自分が心地よく生きるために不可欠です。**

〝本当の自分〟を表現できるというと、どんなことを思い浮かべるでしょうか？
・自分の気持ちや考えを人に伝える
・自己主張する
・自分の思ったとおりに行動する
・相手に気をつかいすぎて相手に合わせすぎない
などでしょうか？
もちろんこれらも〝本当の自分〟を表現することといえます。

「相手優先度チェック」をやってみよう

そこで、これから〝本当の自分〟を表現できるように改善していくために、あなたの「相手優先度チェック」をやってみましょう。

次のチェックリストの項目で、自分に当てはまるものにチェックしてみてください。

□ 相手の考えと違っても、ハッキリ異を唱えられない
□ 人が自分をどう思っているかが気になる
□ 誘いを断るとき、他の用事があることにする
□ 自分が嫌だったことが後になってわかることが多い
□ 腹が立たない
□ イイ人だと思われたい
□ 何かを断ることに、とてもパワーがいる
□ 議論をしている人たちがケンカをしているように見える
□ 相手を嫌な気持ちにさせてはいけないと思う
□ 何か嫌なことがあっても自分が我慢すればいい
□ 嫌なことを言われても気にならなかった振りをする
□ 自分の考えを求められるとわからない
□ 調和が何より大切だと思う
□ 嫌われたらどうしようと思う
□ 怒っている人がとても苦手

□ 人が意見を言うまで、自分の意見は言わない
□ 何かを決定するときに迷うことが多い
□ 注目されるととても恥ずかしいので注目されないようにする
□ 失敗してはいけない、間違ってはいけないと思う
□ 自分の意見を通すとわがままな感じがする

いかがでしょうか？

もし、**５つ以上チェックが付くようならば、相手を優先しすぎて、〝本当の自分〟を表現できていないかもしれません。**


〝本当の自分〟が表現できないと、自分自身にとってのストレスにもなります。

人間関係で自分優先ではなく相手優先にすることにエネルギーを使い続けているので、人間関係が疲れるものになってしまいます。あまり相手を優先し、気をつかいすぎると、人と接することが嫌になってしまうかもしれません。

相手を優先しすぎると過剰に同調をしてしまいます。逆にいえば〝本当の自分〟を

表現できるようになると、過剰な同調も減ります。

過剰な同調をやめようと意識しても、気づかいは無意識にやってしまうもの。だから、**過剰な同調をやめようと努力するより、〝本当の自分〟を表現することを意識するほうが楽で早い**かもしれないのです。

過剰な気づかいで会議も職場もストレスだらけ

〝本当の自分〟が表現できるようになって、過剰な同調とそれに伴う人への気づかいが減った人のケースを紹介しましょう。

Bさんは働いて9年目ですが、〝本当の自分〟を表現できるように変身しました。

Bさんは、何より会議の場で大きく違ったのがわかると言います。

〝本当の自分〟を表現できなかったときには、会議はストレスの場でした。

会議中に**他の人に合わせることに気をつかっていました**から、発言は人の意見に賛成するのが精いっぱい。意見を問われると「同じです」「皆さんに賛成です」と答えることが多かったのです。とりあえず多数派に賛成するという姿勢だったのです。

それでも会議が終わって家に帰ると、「今日も意見が言えなかった」「言えない自分が悪い」と落ち込むことも多く、落ち込みがひどくなってくると自分がないような感覚に陥り、消えてしまいたい気分にすらなってしまっていました。

また会議の場で、**他の人たちが意見に反発し合ったり激しい議論になると怖くなっていました**ので、会議中はいつも「会議が早く終わってほしい」と思っていました。

会議はBさんにとって苦痛の種だったので、会議の日が来る何日も前から、会議のことを考えて「もうすぐまた会議だ、どうしよう」と不安な気分を感じていました。

またBさんと同期で入社した同僚は、8年目で責任ある立場についていました。職場では、周囲からどんどん抜かされている感覚やダメな感覚を味わうことが多かったのです。

Bさんは、子どもの頃から、周りの人から良い人だと言われていました。親からも、子どもの頃から「あなたはイイ子ね」「優しい子ね」と言われていました。

そして、Bさんは**自分でも気づかないうちに、〝イイ子〟で〝優しい人〟を演じる**

ようになっていっていました。

気づかないとはいっても、時には我慢している感覚は自分の中で感じることがあり、嫌だとは思うこともあったけれども、「そういう性格だから自分の人生は変わらない」「それが自分だ」とあきらめていました。

〝本当の自分〟が出せると、毎日が楽しくなる！

Bさんがどうやって〝本当の自分〟が表現できるようになっていったか、その具体的なやり方については、後の章で詳しく述べますのでここでは割愛します。

その過程で、Bさんは「**自分には意見がある。例え間違っていたとしても自分の価値が下がるわけじゃない**」と思い込むようにしました。すると次第に自分の意見を言えるようになってきました。

自分の意見を言った後で、例えその意見に反発するような意見が出ても、冷静に受け止められるようになりました。

あるときは、自分の意見に対する反対意見を述べた人に対して、「今はそういう議論をしているわけではありません」と冷静に言えたことに、自分でも驚くほどでした。意見を言うようになったからか、人から「あなたはどう思う？」と意見を求められることも増えたそうです。

「自分が嫌という感覚はかなり減ったと同時に、昔の自分は相手に過剰に気をつかい、合わせていたんだと今さらながら気づきました」

〝本当の自分〟が表現できるようになったBさんの後日談です。

Bさんは昇格したそうです。ひとつのプロジェクト、新しい資材を使って建築を試みるプロジェクトを立ち上げて責任者としてやってみないかと会議で提案され、それを引き受けることになりました。

「今は仕事が楽しいと感じます。前は仕事をやらなきゃ、生活があるから、と思って仕事をしていました。また以前は休みの日は寝て過ごしていました。食事だって、ばてないために食べていたものが、おいしいと感じるようになったんです」

このようにBさんが**仕事も生活も充実したものに変わったのは、過剰な相手優先が**

減り、〝本当の自分〟が表現できるようになったからです。

やり方はわかっても、できないあなたへのヒント

では、どうやって自分を表現すればいいのでしょうか。

そのやり方を書いた本はいろいろあるでしょう。

しかし、例えば自己主張のやり方についての本を読んだとして、自己主張のやり方はわかったけれども、自己主張できるようにはならなかったという話をよく聞きます。

それはなぜでしょうか？

それは、**〝本当の自分〟を表現できるかどうかについてはテクニックの問題というよりも、相手を優先してしまう心の問題が大きい**からです。

つまり、「自己主張するために相手にどういう言い方をすればよいかがわからない」というより、「こう言えばよいのだろうと頭ではわかっているけど、それがわかっていても、つい相手の顔色が気になってなかなかできない」という問題のほうが多いの

です。

この本では、どうすればもっと自由に〝本当の自分〟を表現（もちろん自己主張も含めて）できるようになるかということについて書いています。しかし、どのように話せばよいかというテクニックについてはあまり触れていません。話し方の技術は専門の本で習得してください。

本書では、私が今までに心理カウンセラーとして接してきた方々の事例を通して、

〝本当の自分〟を表現したいけど、できない

という

問題を解決するための指針

について明らかにしていきます。

この問題が解決すると、人はどのように変わるのでしょうか？

それは、一言でいえば、〝自然に変化〟します。つまり、あまり頭で〝こうしよう〟と考えなくても、いつの間にか変わっていくのです。

以前は自分の言いたいことが言えなかったという人のケースで、相手を優先しすぎて〝本当の自分〟を表現できなかった頃と、表現できるようになった後の変化について見てみましょう。

生徒の母親からの文句に何も言い返せない教師

〝本当の自分〟を表現できるようになったことによって毎日の生活が大きく変わった事例を紹介します。学校の先生をしているCさんの事例です。

Cさんは、奥さんが1年くらい前からうつ病を患い家事がままならず床に伏していることが多かったので、仕事の傍ら妻の代わりに家事もこなしていて、身体的にも精神的にも疲れていました。

そのような状態で、自分が担任しているクラスで問題が起きました。女子生徒の間でのいじめ問題です。女子生徒の4人組が別の一人の女子生徒をカバン持ちにしたり無視したり。

その行為を、保護者からの指摘で知ったCさんは、その解決を図るため4人組と話し合いましたが、いじめはなくなることはなく隠れて行なわれるようになっただけで、抜本的解決はできませんでした。

さらに女子生徒4人組のリーダー格の女子生徒の上履きに、画びょうが入れられていたという出来事が起きました。

実は、この女子生徒からいじめを受けていた生徒が仕返しにしたものだったので、Cさんはこの件について、前からいじめを受けていた女子生徒が仕返しに画びょうを入れるに至った気持ちを考慮して、厳しく注意をしませんでした。

しかしその件に関するCさんの対応に不満を持った、リーダー格の女の子の母親より強いクレームを受けるようになりました。その母親は保護者の中でもボス的な存在で、保護者会でも大きな声で意見を言っている人でした。

その画びょうの出来事へのCさんの対応について、その母親は保護者会で「C先生の指導力がなさすぎる」と大きな声で指摘して、さらに「C先生がクラスの指導に身が入らないのはうつ病の奥さんに気をとられて仕事をおろそかにしているからです」と大きな声で文句を言いました。

しかし、Cさんは**言われたことに対して、何も言い返せなかった**のです。

そしてその後も、その母親は毎日のように学校に電話をかけてきて、Cさんの授業中の発言や生徒に対する態度について文句を言ってくるようになりました。

「もっと生徒をほめるべきです」「特に女の子はほめないといけません」「C先生は女の子から人気がない」……。

Cさんは、その文句をただ「はい、そうですね」と言って聞くだけです。毎日文句を言われるので、Cさんは何かほめなきゃと思い生徒をほめても、後でその母親から「そのほめ方はセクハラですよ」と電話で文句を言われるのです。

Cさんはそのうち、**生徒の保護者からいつも監視されているような感じすらする**ようになってしまっていました。

なぜ遠まわしの言い方になってしまうのか?

そんな中、クラス内の別の生徒が、生徒の首にロープを巻きつけ引きずりまわすという出来事が起き、それをやった子が他のクラスの生徒たちから無視されるという事態になりました。

そしてその無視された生徒の母親からも毎日のように電話でクレームを言われるようになりました。

そして、Cさんは「もう限界」と私のところに相談に来られました。

最初にCさんに会ったときに、**「どうせ僕は……」「やっぱり僕なんて……」と自分を卑下するような言い方が多く、自分に自信がない**と言っていました。

Cさんは、生徒に対しても保護者に対しても、言いたいことをハッキリと言っていなくて、何となく遠まわしに言っていました。

例えば、電話してくるお母さんに対しても、「あなたのお子さんが先にいじめをしたから仕返しをされたんです。仕返しはよくないけど、いじめをするのもよくないです」とハッキリ言いたかったが言えないまま。「子ども同士いろいろあるでしょうから」と言葉を濁す。

生徒に対しても、「こんなことをしちゃダメだ」とは言わず「こんなことをしていいのかな?」と柔らかく言ってしまう。

Cさんは**人が怒るのが怖いと感じていて、言いたいことが言えなかった**のです。

こうして生徒が変わり、親のクレームも減った！

Cさんが、相手を優先しすぎることが減り〝本当の自分〟を表現できるようになって、まず最初に変わったのが保護者への電話での対応でした。電話が長引いて、切らなきゃいけないときに、今までは、

「あの、すみません、そろそろ切らないといけないので」

と言っていたのが、

「時間がないので切りますよ」

とハッキリ言うようになりました。

また、

「それは、私が考えてやっています」

「そういうことまでご心配いただかなくても結構です」

など、**ハッキリ言葉に出すようになった**そうです。

また生徒に対しても、

「そういうことをしてはダメだ」

「二度としてはいけない」

とハッキリ言うようになりました。その結果、生徒たちは授業中、以前より随分と静かに授業を聞くようになったそうです。

そしてハッキリ言葉に出して言うようになった影響か、保護者たちからのクレーム電話の回数が減ってきました。また自分の考えをハッキリ口に出すにつれて、保護者もあまり強い口調でクレームを言わなくなってきました。

保護者から監視されているような感覚は全くなくなって、**自分の意見を言えるようになったことで、自分に価値があるように感じるようになった**そうです。

いかがでしょうか？

実はCさんは、自分の表現方法を学んだのではなく、相手を優先しすぎるのを減らしていきました。

相手を優先する気持ちが減るということは、自然に〝本当の自分〟を表現できるようになることにつながります。

そしてそれは、単に自分の言いたことを伝えられようになるということだけではなく、仕事にも、またストレスにも、大きな影響があるものなのです。

つまり、**相手を優先する気持ちが減ると、仕事も生き方も大きく変わる人**が多いのです。

第2章

自分をきちんと表現できない22の心理

つい相手に合わせてしてしまうのはなぜ？

無意識のうちについ相手を優先してしまう

〝本当の自分〟をうまく表現するにはどうしたらいいのかを考える前に、なぜ〝本当の自分〟が表現できないのかについて考えてみたいと思います。

〝本当の自分〟が表現できない理由を知ることには意味があります。なぜできないかが明らかになることで、どうすればできるようになるかという解決策も明らかになっていくからです。

前章で、〝本当の自分〟を表現するのを阻害するものとして、「自分よりも相手を優先しすぎる」過剰な気づかいをあげました。この章では、この〝相手優先〟をもたらすいろいろな理由をあげていきます。

これらは、**〝本当の自分〟を表現するのが苦手だった人たちが、どういう理由で相手優先になってしまい〝本当の自分〟が表現できなかったのか**について列挙したものです。

つまり、相手優先になってしまうのは、例えば「心の中で相手を怒らせてはいけないと思っているから」といったもっと根本の問題があるからです。

一言で「相手を優先してしまう」といっても、その人によって考え方や感じ方のその人なりのくせ、言いかえればパターンがあるのです。

例えば、「心の中で相手のことを怒らせたくないと考えている」人、「心の中で相手のことを怖いと感じている」人、「相手に嫌な思いをさせてはいけないと思い込んでいる」人など、本書では22のパターンを紹介します。

自分より相手を優先しまうために〝本当の自分〟を表現できないという悩みを持った人たちはたくさんいます。

私が、その人たちと接していてわかったのは、**相手を優先してしまう人のほとんどは、意識して気をつかっているわけではなく、無意識にそうしてしまっている**ということです。

もちろん、意識して相手を優先している人もいます。でも〝本当の自分〟を表現できない人には、無意識にそう反応してしまうという人のほうが多いのです。

無意識に相手を優先してしまうとはつまり、**「つい相手に合わせていた」「つい言い**

たい言葉を飲み込んでしまった」といった状態です。

まずは、あなたのパターンを知ろう

無意識に相手を優先してしまうというのはちょっと困ったことです。

意識してやっているわけではないので、相手を優先しているその瞬間に、自分が相手に気をつかっていることに気づきにくく、気をつかうことをやめようと思っても、なかなかやめにくいということになるからです。

また、気をつかうことをやめようと意識しても、自分が意識しないうちにまた気をつかってしまうという結果になるからです。

だから、「イエスノーをハッキリ言うようにしたほうがいい」とか「相手の目を見て話をしたらいい」など、〝本当の自分〟を表現するノウハウを覚えたところで、なかなかそのとおりにはできないわけなのです。

イエスノーをハッキリ言おうと意識していても、思わず言葉を濁してしまう……。

私たちは、意識してやっていることより、無意識についそうやってしまうことのほうが多いのです。

ついやってしまうのは、そうしてしまう理由、つまり自分なりのパターンを持っているからなのです。その人なりの考え方や感じ方のパターン、別の言い方をすれば性格的な問題といってもよいかもしれません。

無意識にやっている、性格的な問題、などというと、「じゃあ変わりようがない」とあきらめたくなる人もいます。

でも、あきらめる必要は全くありません。無意識にやっているから、性格の問題だから、といって変えられないわけではなく、もちろん変えることができるのです。

そのためには、**まず自分がなぜ〝本当の自分〟を表現できないかの理由、パターンを知ることです。自分のパターンを知ると、解決の方法が見えてきます。**

その代表的な22のパターンを次ページから解説していきます。自分が、どうやって無意識に気をつかってしまっているかを振り返りながら、読んでみてください。

その中で、自分がなんとなくピンとくるものがあれば、それは自分が無意識に気をつかってしまっている理由かもしれません。

その解決法も短く示しますが、そのやり方は第3章、第4章で詳しく説明します。まずはあなたのパターンを知ってください。

心理1 怒らせるのが怖い

過去のネガティブな体験があなたを萎縮《いしゅく》させる

このパターンを持つ人は、相手を怒らせるのが嫌だから、相手が怒りそうだと思うこと（これは自分が勝手に想像したことに過ぎないのですが）は、なるべく言葉にしたり態度に表したりせずに、**言おうと思った言葉を飲み込んでしまったり、相手に合わせてしまいます。**

この人たちは、相手の怒りにとても敏感で、怒りを怖がっています。

このパターンを持っている人は、

過去に〝怒り〟についてのネガティブな体験を持っている

という人が多いようです。それは例えば、

・小さい頃、ガミガミ怒る親がとても怖かった

・いじめにあった
・友達を怒らせて、それが原因でトラブルに発展した
・親が家の外では全く怒らない人だった（これは〝怒る、または怒らせるのはよくない〟という無言の教育になることがある）

などの体験によって、相手を怒らせることに怖れを持っているのです。

職場で理不尽なことで部下に怒りをむき出しにして文句を言う上司がいました。彼は、その上司のただ一人の部下ですが、その上司に理不尽なことでも怒られると、最低限の弁解すらできなくなってしまうと訴えていました。

その上司は、「有給休暇を使う権利があるのは自分が許可したときだけだ」「俺が気に入らなかったら仕事がなくても定時には帰さないからな」など、どう考えても理不尽なことを言います。

あるときは、「用事がなくてもお客さんのところに何度も足を運べ、訪問した回数が業績につながる」と言ったかと思えば、「用事もないのに訪問するな、経費を何だと思っているんだ」など矛盾したことを平気で言います。

彼は、上司の言葉に対して「すみません」と返事していたそうです。

時には、言われていることがあまりにも理不尽なので言い返そうと思うのですが、言い返す内容を頭で考えただけで、「でも相手が怒ったらどうしよう」と怖くなってしまうので、委縮してしまいます。だから結局、どんなに理不尽なことを言われても言い返すことはできませんでした。

このように、このパターンで〝本当の自分〟が表現できない人の特徴は、言いたことを相手に言おうとすると、相手が怒るのではないかと怖くなってしまうのです。

これは、相手の怒りに対して過剰なほど怖れを感じてしまうことが原因です。それは、自分自身が怒りを抑えてきたことが関係しています。怒りを我慢しすぎると、他者の怒りに対して冷静に対処できなくなることがあります。

自分自身が怒りを抑えなくなれば、つまり腹を立てていい場面で怒りを感じることができるようになれれば、相手が怒っていても、もっと冷静に対処できるようになるのです。

心理2 争いが怖い

議論も〝争い〟ですか?

相手に何かを言おうと思っても、**自分が言ったことで争いになってしまったらどうしようと思い、言うことをやめてしまう。**

このパターンの人たちはそう思って〝本当の自分〟を表現するのを思いとどまってしまいます。

「意見を言ったくらいで人と争いにはならないのではないのか」と考える人もいるでしょう。しかし、議論であったとしても、彼らは争いだと思ってしまうことが多いようです。

このパターンを持つ人は、**過去に人の争う姿に極端にネガティブな感情を持つに至った体験**を持つ人が多いようです。例えば、

・**幼少期に両親がよくケンカをしていた**

・**友達とケンカをして傷つけた、または傷つけられた**

などの体験から、争いという刺激に怖れを持つに至ったのです。

このパターンは、先述の「怒らせるのが怖いから」にも似ています。彼らは「怒らせるのが怖いから」のパターンの人たちと同じく、自分が怒りを出すことが苦手で抑えてきた人たちです。ただそれと違う部分は、このパターンの人たちは、**人と意見が違うことやちょっとした議論も争いごとだと思い込んでいる**ということです。

このパターンで自己表現ができなかった彼は、上司から「A案とB案のどちらかを決めなくてはいけない、私はA案が良いと思うんだけど、君はどう思う」と尋ねられて、B案が良いと思っていたのもかかわらず、「私もA案が良いと思います」と答えてしまいました。

相手と違う意見を持っていたらそれは口にしないほうがトラブルにならないと考えていたからです。そしてできるだけ他者とのトラブルを避けようとしたために今までも相手と違う意見を口にすることをなるべく控えていました。

彼に「意見が違うことと争うことは違うのではないですか？」と尋ねると、「頭ではそう理解できます。でも他者が白熱した議論をしている姿などを見ていると、それが怒って争っているように見えてしまうのです」と答えました。

やはり、意見が異なること＝争いであると思い込んでいたのです。

もちろん、意見が違うことと争うことは同じではありません。理屈ではわかっていても、心のどこか奥底でそのように思い込んでいます。それが「もし相手と意見が違ったら（相手と争いになってしまうので）どうしよう」と、〝本当の自分〟を表現することにブレーキをかけてしまいます。

このパターンから脱出するには、**まず自分自身が怒りを出せるようになること**。そうすると、次第に人が怒っている姿が怖くなくなります。その上で、意見を言うことと争うことは違うことを理解することです。

相手が怒っている姿（白熱している姿）が怖くなくなると、意見と争いは違うということが心から理解できるようになります。

心理3

相手に嫌な思いをさせてはいけないと思い込んでいる

相手が嫌な気分になったのは誰のせい？

このパターンで自己表現ができない人は、

自分が言ったことで、相手を嫌な気分にさせることを怖れています。

彼らの多くは、

「相手が嫌な気分になったとしたら、それは自分が悪い」

と信じています。子どもの頃から、相手を嫌な気分にさせることを避けるように教えられてきた結果、このパターンに至った人が多いのです。例えば、幼少期から、

「あなたがそんなことを言うから私がこんな嫌な気分になった」

「私をあんまり怒らせないで」

「私を悲しませないで」

など、**相手の気分が悪くなるのは自分のせいだと教えられてきた人**が多いのです。

だから、もし自分の言ったことで嫌な思いをさせるくらいなら、自分が我慢してい

たほうがいいと考え、自己表現を避けてしまうのです。

ショールームの管理を任されていた人のケースです。お客さんの中には、ショールームのレイアウトに文句をつける口うるさい人もいて、いろいろと文句を言うのです。例えば、「ショールームに飾っているこの絵画は、ここにそぐわない」「ショールームのスタッフの制服がおかしい」などと毎回のように文句をつけます。

彼女は、そのたびに「そうなんですね、すみません」「そうですよね」などと答えていました。そのとき、心の中では、相手を嫌な気分にさせてしまった自分が悪いような感覚を持っていました。

彼女の本音としては、ショールームの絵画も制服も良くないとは思っていません。「この絵画を飾っている理由は……」「この制服にしている理由は……」と説明したいこともあるのですが、お客さんから言われたときには、説明したいという気持ちよりも、嫌な気分にさせてしまった申し訳なさが先行してしまうので、何も言えなくなってしまうのです。

そして、「私がお客さまに何かを言うことで、さらに嫌な気分にさせてしまってはいけない」と考えてしまうために、言葉を飲み込んでしまいます。

このお客さんはショールームで扱っている商品やサービスではなく、ショールームの絵画や制服など、本来あまり文句を言わなくてもいいような細部にこだわって文句を言っています。

本当は、どうでもいいことにこだわっているのはこのお客さん個人の反応です。それに嫌な感情を持ったとしても、そういう細かい部分に嫌な気分を持つのもお客さん個人の問題です。彼女のせいではありません。

このパターンから脱出するためには、「**自分の感情をコントロールしているのは自分だけ**」**ということを理解すること**です。つまり、相手が嫌な気分になるのも相手がそのようにしていることに過ぎないということです。

心理4 自分の考えを言うと、人間性まで変に思われるのが怖い

どう思われたっていいじゃない

このパターンを持つ人は、自分の考えが入っていない情報のやりとりをするのなら

ばそれほど苦痛ではないのですが、**自分の考えや気持ちを人に話すことに大きな抵抗があります**。なぜならば、自分の考えを知られてしまうことに不安があるのです。

「もし自分の考えや気持ちを知られてしまったら、変に思われないだろうか」

という不安が強いのです。

彼らは、自分が何かを言うことは、自分自身を見られることであり、自分の人間性や弱みまでも相手に知られてしまうことだと思い込んでいます。また自分の弱みを知られたら、嫌われてしまう、軽蔑《けいべつ》されてしまうとも思っています。

このパターンは、

「人を信頼するのが怖い」

と思っている人に多く、**過去に人に裏切られた、もしくは信じていた人から心を傷つけられた経験を持っている**場合が多いようです。

このパターンを持つ彼は、会議の場で自分の仕事の進捗《しんちょく》状況を話すのはそれほど苦痛ではないのですが、自分の意見を聞かれると口ごもってしまいます。

自分のことをあまり知られないように、そしてかつ考えを話すことを回避しているとも思われないようにするためには、どこまでの内容をどのように話したらいいのか考えてしまうのだそうです。かといってあまり長い時間口ごもっていると変に思われるかもしれない。そういう考えが頭の中をぐるぐる回っているのです。

その後、変に思われないようにと気をつかうことが減って、自分らしくいることの心地よさを優先していくと、随分と楽になってきたそうなのですが。

このパターンから脱出するためには、**自分が悪く（変に）思われることに対する抵抗を減らしていくこと**が早道です。そのためには、例えどう思われたとしてもたいした問題ではないということを理解することです。変に思われることに対する抵抗が減れば、自分の考えや気持ちを話すことも楽になってくるでしょう。

心理5 相手の感情に流されてしまう

その気持ちは本当にあなたの感情ですか？

5人のメンバーからなるプロジェクトのリーダーを任されているある男性のケースです。彼はプロジェクトメンバーの一人である自分の後輩を、メンバーから外すようにと上司から命令を受けました。

本来はすぐにでもそのことを後輩に伝えなくてはいけない立場です。しかし、毎日後輩と顔を合わせているにもかかわらず「今担当しているプロジェクトのメンバーから外れてもらうことになった」という言葉が口に出せませんでした。それは後輩にとって、とてもつらいことだと思ったからです。

言えないままに1週間が過ぎ、次のプロジェクトミーティングが迫ってきました。いくらなんでも今度のミーティングに後輩を出席させるわけにはいかない、追い詰められた彼は、ミーティングの2日前にやっと後輩に伝えたのです。

それも、「なんか次のプロジェクトミーティングから出席しなくていいみたいだよ」とあいまいな言い方。

このあいまいな言い方と、ミーティングの直前まで言うことを引きのばしてしまったことで、後輩は余計に彼に対して不快な気持ちを持ってしまう結果になりました。

彼は、**相手が悲しそうな顔をすると、自分も悲しい気分に浸ってしまい、相手がうれしそうだと、自分もうれしくなる**のです。つまり、相手の感情に流される、相手の感情にそのまま同調してしまうのです。

だから、相手が悲しそうな反応をするだろうと予想できることや、相手がつらい思いをするだろうと予想されることは、口に出せないのです。

このパターンを持つ人は、

幼少期から、親の感情に流されてきた

という人が多いです。親が喜ぶと自分も喜び、親が悲しそうだと自分も悲しい、親の感情をそのまま自分も感じてしまうのです。

誰しも、親が喜ぶことはうれしいもの、でもそれが過剰だったのです。そして、過剰に親を喜ばせようと振る舞ってきた人が多いのです。

だから相手が不幸せそうだと過剰にかわいそうだと感じやすく、自分が相手に何かしてあげるときも、本当に相手の役に立っているのかと考えすぎることもしばしばです。

こうやって**いつも相手の感情が気になってしまいます**。

「自分の感情は？」と聞かれると、それは相手の感情がどうであるかで決定されるので、相手の感情次第で自分の感情が決まってしまうということになってしまいます。

本来は、相手の感情は相手の感情、自分の感情は自分の感情、相手の感情と自分の感情は全く別物のはずです。

このパターンの人は、自分と相手との間に、感情における境界線がキチンと引かれていないと考えられています。

このパターンから脱出するためには、**自分と相手は別の人間であり、自分の感情と相手の感情は別物であるということを理解すること**です。

心理6　人に合わせるのが当たり前だと思っている

そうすることが心地よいことですか？

「私は、自分の親が自分の意見を言っているのを聞いたことがないんです。いつも相手の意見に合わせていた姿を覚えています」

こう言った彼女は、自分が相手に合わせることに疑問を持たず、当たり前のことだと思っていました。「人にうんうんと言っている限り平穏なんだ」と思っていたのです。

「その人の感じていることや考えていることには合わせたいと思っていました」

「いつもその人に合わせることが当たり前で、合わせないということがよくわかりませんでした」

人に合わせること、それが彼女の欲求だったのです。

このパターンを持つ人は、**親が人に合わせる姿を見てきた、そしてそうすることが当たり前だと思ってきた**という人が多いようです。小さい頃から、人に合わせることが当たり前で、疑いをはさむことなく、それが自分なのです。

彼らは、**「人に合わせていることが自分らしく心地よいことである」と思い違いをしています。**

でも一方では、〝自分がない〟という感覚も感じていて、「あなたの意見は?」と尋ねられると、何も浮かばないという場合も多いのです。

このパターンから脱出するためには、**人と自分は違うということを知ること、そして合わせることは自分にとって決して心地よいことではないことに気づくこと**が必要です。

そのためには、まず最初に自分の欲求に気づくことが必要となるでしょう。

自分と相手は別の人間である以上、欲求も気持ちも別なのです。だから、相手に合わせていることは決して自分らしく生きていることではないのです。

心理7
自分の意見なんてどうせたいしたことないと思い込んでいる

誰もが思いつくような考えなのか？

このパターンを持つ人たちは、

「私の考えていることなんて、みんなすでに考えていること」

「私のわかったようなことは、みんなとっくにわかっていたこと」

と思い込んでいます。


「人に対して何も言わないわけじゃないけど、私は今まで相手に自分の言いたいことを言わなかった」と言っていた人のケースです。

彼はチームで仕事を進めていました。同じチームのメンバー同士で、日頃仕事で感じていることを、みんなで意見として出し合うミーティングの場でのことです。

常日頃から彼なりに、お客さんと接していて感じている意見は持っていました。例えば、商品の売り方について、ＰＲのやり方について、もっと改善したほうが良いのではないかと思っていたのです。

そして、お客さんの意見を売り方やＰＲ方法にもっと反映するためにも、お客さんの話を聞く場やそれを社内で検討する場をつくったほうがいいと考えていました。そこで、このミーティングの場で、お客さんの意見を聞く場をつくろうという提案をしようとも思いました。

そのときには「よし、発言しよう」と気持ちが高揚したのですが、「どうせ、私の考えていることなんて珍しくもなんともないことだよな」「たぶん、みんなもそんなことは考えているだろう」という思いがわいてきて、高揚した気持ちはあっという間に引っ込んでしまいました。

結局発言することはなく会議は終わり、「やっぱりうかつに発言しなくてよかった」とさえ思ったのです。

彼は後に、〝本当の自分〟が表現できるようになってから、自分の考えていること、つまり「お客さんの意見を聞く場をつくろう」という提案をミーティングで発言してみました。

するとその他のメンバーたちはその意見に賛同し、彼の意見は採用され、とんとん拍子でそのような場が設けられることになりました。

彼は、「自分が考えていることなんてどうせ誰もがわかっていることに違いない」という思い込みを持っていました。こういう思い込みは、**自分の話をディスカウント（値引き）されてきた経験**を持っている人にしばしば見受けられます。

例えば、

- **親から、「おまえの考えていることなんてたいしたことない」と言われて育った**
- **自分が話をしても、親はその話にあまり興味を示してくれなかった**
- **「子どものくせに」「黙っていなさい」などと言われていた**

などの体験をしている場合は、これらの親の態度は子どもに対して「おまえの話はあまり重要ではない」と値引きしていることになります。

こういう体験を繰り返し積み重ねると、子どもは「自分の考えていることなんてどうせたいしたことない」「自分の話なんてどうせ聞いている人にとって面白いことではない」と**自分の考えていることを値引きしてしまう**ようになります。

もちろん、自分が考えていること、知っていることは、他の人が考えていることや知っていることではありません。

このパターンから脱出するためには、**自分の考えていることは重要であるという自信を持っていくこと**です。このように考えることができるようになると、自分の考えを〝誰でも考えるようなこと〟などと値引きしなくなっていくのです。

また「自分の考えは重要でない」と同じようなパターンですが、「自分の話はあまり重要でない」と思い込んでいる人の中には、自分は言葉で説明するのが下手だと思い込んでいる人もいます。

自分は言葉で説明するのが下手だと思い込んでいると、本当に言葉で説明するときにしどろもどろになってしまうこともあります。この場合も、自分の話は重要であると考えていくことが必要です。

心理8

批判されると自分が否定されている感じがして怖い

自分の価値は仕事の成果で決まる⁉

ある人の職場には仕事の進め方に細かく口を出す上司がいました。

彼は、その上司に何か報告をすると、そのたびにどこか批判されたらどうしようと思い、怖くて言葉がうまく出てきません。

だから相談なんてとんでもない、報告を必要最小限、どうしてもしなければならないことしかできないのです。

「今日現在、特に問題はありません」とか、「この件は現在予定どおり進んでいます」といった具合です。

さらに、口頭で報告すればよいものですら口頭での報告ではなく、なるべくメモを上司のデスクに残しておく形式で報告を済ませようとします。

もし口頭で報告して、自分がやった仕事に対して「どうしてこんな進め方をしたんだ？　それはおかしいじゃないか」と批判されてしまうと何も言えなくなってしまうので、口頭での報告を避けて、そしてあまり細かく突っ込まれないように報告内容も最小限に留めてしまいます。

もし彼が上司から**自分のやっていることを批判されたとしたら、自分が否定されているような感覚を持ってしまう**のです。自分の仕事ではなく、自分自身そのものを否定されているように感じてしまうのです。

もちろん頭ではわかっています。「仕事のことを言われているのであって、自分自身のことを批判されているわけではない」ということは。

しかし、いくら頭でわかっていても、批判されると落ち込んでしまうのです。そして「自分はダメだ」という感覚や、自分が拒絶されているような感覚を数日間感じ続けることになってしまうので、それを避けたいのです。

このような反応をする人の多くは、

自分自身の価値を重要だと感じることができていません。

彼らは、

・おまえはダメだと言われていた

・親が自分のことを重要に扱ってくれなかった
・幼少期から自分はダメだと思い込んでいた

などの体験を持っているために自分自身を重要ではないと感じているようです。

そして、「自分が重要でない」ということを認めたくないと思い、その考えに反発するかのように「仕事などで自分の価値を証明したい」と思っています。

しかし、自分の価値を証明しようとしながらも、心の奥底のどこかで「自分はダメだ」と思ってしまっているのでなかなか自信が持てないでいるのです。

また、「自分はダメじゃない」と証明しようとして仕事を頑張っているからこそ、仕事のことを批判されると、自分自身の存在価値そのものをダメだと言われたような気持ちを感じて落ち込んでしまいます。

もちろん、仕事ができないことと自分がダメなこととは全く別のことです。

このパターンから脱出するためには、**仕事で自分の重要さを証明しようとするよりも前に、自分自身そのものを重要であると感じることができるようにすることです。**

心理9

賛成されないと自分が否定されている気になる

自分の意見と自分自身は別物なのに……

「もし誰かに意見を言ったとして、その意見に賛成してもらえなかったらどうしよう」

このパターンを持つ人たちは、自分の意見に賛成されないだけでも、自分自身が否定されているような気がしてしまうのです。

このパターンは、「批判されると自分が否定されている感じがして怖い」（75ページ）というパターンと似ています。

意見に賛成されないと、自分が否定された感じがしてしまうのは、**自分自身を重要だと感じることができていないことがベースにあります。**ただ、批判されることが怖いというより、賛成されないことが怖いのです。

このパターンでは、「自分の考えに賛成される＝自分自身が肯定されている」と思い込んでいること、そして「自分の考えに賛成されない＝自分自身が否定されている」と思い込んでしまっていることです。

このパターンは、
今まで自分の意見に否定された経験が少なく、賛成ばかりされてきた
という場合によく見られます。つまり、賛成されないことに慣れていないのです。
例えば、
・幼少期より、親から何でも受け入れられてきた
・小さい頃に、あまり叱られた経験がない
などの場合です。


会議で、会議参加者全員がひとりずつ、日頃感じている業務上の改善すべき点について発表しなければならなくなった場面での話です。

彼は、本音では意見を言いたくなかったのですが、参加メンバー全員が順番に言わなければいけないので、仕方なく「無料のサンプルで配布する冊子の内容は、見直してもよいのではないでしょうか」と意見を言いました。

でもその意見に対して賛成してくれる人がいませんでした。その後では「それは誰が言っているのですか？　そんなことないと思います。あのサンプルを喜んでくれている人は結構います」と反対意見まで出されてしまいました。

その場で彼が最も苦しかったのは、反対意見が出されたことよりも、自分の意見に賛成する人がいなかったことだったと言います。

そのときに、「自分がダメ」といわれているような、否定されている感覚を強く感じ、その後は口を閉ざし何も言えなくなってしまいました。


もちろん、もし自分の意見に賛成されなかったとしても、それは意見に対してであって、自分自身に対してではありません。

彼らには、自分を強く見せようとする意識がどこかで働いています。弱いところを見せたくないのです。

このパターンから脱出するためには、**自分の弱さを受け入れること**です。弱い自分をさらしたとしても、大丈夫な自分になっていくことなのです。

心理10 自分はどうせできない気がする

根拠のない感覚に支配されていないか

彼は、本当はしたいと思うことでも、どうせ自分にはできないと思ってしまうから、したいとは言えずに悩んでいました。

会議でプレゼンをやっている同僚を見て、自分もやってみたいと思っていました。1年遅れで入社した自分の後輩がプレゼンをやったときには、なおさらその気持ちは強くなりました。

「自分もやってみたい」「ああいうふうにみんなの前で自分の考えを説明して、拍手を浴びてみたい」

でも、自分がやってもうまくはできないだろうと思ってしまうのです。例えどんなに準備をしたとしても、うまくできない感覚はぬぐい去れないのです。だから、「プレゼンをやりたい」とは言わないのです。

彼は何事につけてもそうなのだと言います。何かをやろうと思っても、どうせできない気がしてしまうのです。一言で表すと、**何事につけてもやれる自信がない**のです。

「自分はうまくできないという根拠は何ですか？」と私が彼に尋ねると、

「根拠ですか？　わかりません。何となくできない気がするのです」

と答えました。

できないという根拠は、実は何もなくて、ただ「できない気がする」という感覚だけなのです。

これは大変もったいないことです。実は、こういうふうに「根拠のない自信のなさ」のために、自分のやりたいことをできないという人は決して少なくないのです。


こういうパターンを持つ人も前述のパターンと同様、**自分自身に重要な存在であるという感覚が感じられない**人が多いようです。例えば、
・**幼少期から、他の兄弟姉妹より愛されていないと感じていた**
・**自分は親から、あまり大切な存在として扱われていなかったと感じていた**
などの体験から自分を重要と感じることができないでいるのです。

「自分はどうせできない」という感覚は根拠がないといいましたが、「自分は重要である」「自分はできる」という感覚もまた根拠はありません。

例えば、今までやったことがない新しいことをやろうとした場合に、「何となくできそうな気がする」と感じたとしても、それは根拠があるものではありません。ただ「何となくできそうだ」と感じているだけです。

でもどうせ感じるならば「何となくできそうな気がする」のほうが楽な気がしてしまいます。「できそうな気がする」と思って取り組んだら、本当にできてしまうことも多いということも、また事実のようです。

そのためにはまず、**自分が重要な存在であると感じていくこと**が大切です。

心理11
責任を持たされるのが怖い

もっとちゃんとやらなきゃダメですか？

「自分の意見を言って、それが認められて責任ある立場を任せられでもしたら、それこそどうしていいのかわかりません」と言った人がいました。

彼は、もし責任ある立場や人を指導しなければならない立場に立たなければならなくなったことを考えると不安でしょうがないのです。

責任を持たなくていい仕事をしているぶんには、わりと自由に行動できるし、言いたいことも言うことができるのですが、責任を持たされたり、もしくは責任を持たされるのではないかと考えてしまうと、その途端に、物事を普通に考えられなくなってしまったり、頭が混乱したりするようです。

このパターンを持つ人は、**自分が責任ある仕事をこなす、また責任ある立場を務める自信がない**のです。それは、多くの場合、**ちゃんとやらなきゃいけないという気持ちが強すぎる**からです。おそらく、昔からちゃんとやらないとダメだという気持ちが強かったのでしょう。

仮に、「私はもっとちゃんとやらなきゃダメだ」とずっと自分に言い続けてみてください。誰だって段々本当にこのままで大丈夫だろうかと不安になり、最後には自信がなくなってしまいます。

「ちゃんとやらなきゃ」もほどほどならば悪くはないのでしょうが、ちゃんとやらなきゃいけないという気持ちが強すぎるために、自分を身動きとれなくしてしまっているのです。

もちろん、そこまで「ちゃんとやらなきゃ」と自分にプレッシャーをかけてしまう必要はありません。

このパターンから脱出するためには、**「ちゃんとやらなきゃいけない」と駆り立てる気持ちを、少し弱めること**が必要です。

心理12　自分を正当化しておかないと不安

謝れずに言い訳ばかりしてしまう

これは、「批判されると自分が否定されている感じがして怖い」（75ページ）のパターンと似ているのですが、**批判されることから自分を守ろうと、言い訳ばかりしてしまう**というものです。

なぜ言い訳をしてしまうかというのは、このパターンもやはり自分を重要だと感じることができていないからなのです。

自分の価値は重要ではないと感じていて、自分の重要ではない部分には触れられたくない、自分が重要ではないということをさらけ出したくない、だから言い訳してしまうのです。

自分は重要ではないけど、そこを見せてはいけない。つまり弱いところを見せてはいけない、強くなくてはならないのです。

このような反応を示す人は、

「弱いところを見せてはいけない、強くなければならない」と教えられていると考えられます。

例えば、
・親が弱音を吐くことがなかったため、自分も弱いところを見せなかった
・幼少期より過剰な期待を寄せられていて、それに応えようと背伸びしていた
などの場合に多くみられます。

このパターンを持っていたある男性は、子どもの頃から人から何かを責められていると感じると、つい言い訳をしてしまうという行動が身についてしまっていました。

社会人になってもその癖は抜けず、先輩社員から仕事のできていない部分を「どうなってるの?」と質問されると、「ちょっと他の要件が立て込んでいて思うように時間がとれずに」「この書類を作成するための資料を依頼していたんですけど、それがまだ届いてなくて」などと、その場で自分が悪く思われないような言い訳をついやってしまいます。

でも、他の要件が立て込んでいたわけでもなく、また資料を依頼していたわけでもなく、ただできていないのです。その場を切り抜けるための、単なる言い訳、つまり小さな嘘《うそ》だったのです。

小さな嘘でも何度か積み重ねると、彼が言い訳のために都合よく嘘をつくということぐらい、毎日接している会社の人たちにはすぐに見抜かれてしまいます。

そのうちに彼は、「嘘をつく人」「言い訳をする人」というレッテルを貼られて、すっかり信用を失ってしまったようです。

本当は、「まだできていません。申し訳ありません」「申し訳ありません。間に合いませんでした」「申し訳ありません。忘れていました」と、自分ができていないことをありのまま認めれば済むことです。無理に強く見せかけようとしなくても良いのです。

このパターンから脱出するには、弱い自分を受け入れることです。強く見せかけようとしなくて、**ありのままの自分、弱い自分でも良いのだと思えること**が必要です。

心理13

決めようとすると本当にそれでいいのか葛藤《かっとう》する

「ああでもない、こうでもない」と悩ませるもの

このパターンを持った人で、**何かを決めようとすると、「ああでもない、こうでもない」とごちゃごちゃ考えすぎてしまい、決められなくなってしまう**という人がいました。

決めようとすると、「本当にそれでいいのか？」と不安になるので、そこで考え込んでしまうのです。どうしたいか決められないから、どうしたいかがハッキリ言えないし、どうしたいかが決まらないから行動にもなかなか移せないのです。

例えばある人は、ずっと勉強もしてきたし、下調べもしている、それをいよいよ実

行に移すことを決めようとすると、今月からがいいのか、それとももう少し余裕を持って来月からがいいのか、やっぱりやるなら早くやったほうがいいのか、これくらいの予算でやったらいいのか、それとももっと少なめの予算でまずはやったほうがいいのか、やっぱりどうせやるなら予算をかけたほうがいいのか、決められなくなってしまうのだそうです。

頭の中は同じことをぐるぐると終わりなく考え続けていて、いつまで考え続けても結論に行きつかない状態です。どの案も、いいようにも思えるし、また悪いようにも思えてしまいます。

このパターンを持つ人は、

親から、「ああしなさい、こうしなさい」と指示的に言われていた

という人が多いようです。指示されることに従うことを繰り返してきた結果、自分でやりたいことを決めるということに、あまり慣れていないのかもしれません。

「ああでもない、こうでもない」という終わりなき葛藤から抜けて、「こうしよう」と決めたつもりでも、「本当にこれでよかったのか？」「他の方法もあったのではないか？」と決めた後であれこれと悩み続けることが多いのです。

彼らは、決めることにエネルギーをかけすぎているのです。つまり決めることに頑張りすぎているのです。だから、決めようと頑張りすぎて、決められなくなってしまっているのです。

本当は、そんなに力を入れて頑張って決めようとせずに、力を抜いてほどほど適当に決めることができたならば、とても楽なのでしょうけれど。

このパターンから脱出するためには、**決めた後で後悔したっていいというくらいの軽い気持ちで、決めることを気楽に楽しむようになること**です。

心理14 間違うこと、失敗することが不安

石橋をたたき続けているだけ

間違うことに不安を持つというのは、**考えることまではできるのですが、それを行動に移すことに大きな不安を持ってしまう**人たちのことです。行動した結果、間違っていたらどうしようと過剰に用心深くなってしまうのです。

このパターンを持つある男性は、社内プレゼンテーションの準備をしていて、「本当にこれで大丈夫か？」「失敗したらどうする？」と心配しているうちに、どんどん不安が大きくなって、しまいにはまだまだ自分が考えている内容でプレゼンテーションをやってはいけないという気持ちまでもが強くなってきました。

そしてその結果、プレゼンテーションを取りやめてしまったのです。

前述の「決めようとすると本当にそれでいいのか葛藤する」（88ページ）というパターンと似ている感じがしますが、悩んでいる内容にはかなり違いがあります。

「葛藤」のパターンの人たちは、決める段階で「AでもないBでもない」と葛藤しているのだとしたら、このタイプは、行動段階で失敗することへの不安から用心深くなりすぎて身動きがとれないのです。

このパターンを持つ人は、

・親から、「本当にそれで大丈夫か？」と何度も言われてきた（これを繰り返されることは脅されていることと同じ）
・「失敗したら取り返しがつかない」と言われてきた

などの体験によって、**行動する前に不安になることを教え込まれています。**

だから、行動する前に考えるのです。絶対失敗しないように考えるのです。でも彼らは、本当は考えているのではなく、心配しているだけなのです。

考えるという行為は最後には結論に至ります。しかし心配するという行為はいつまでたっても結論には至らないのです。心配して心配して、そして絶対安全だとわかるまで、足を踏み出さないのです。石橋をたたいて渡るのではなく、石橋をたたき続けるという状態に留まってしまうのです。

本当は、絶対安全なもの、絶対確かなものなど、この世にはないのです。**心配する代わりに、結果がわからないから面白いんだと思えれば、もっと楽に行動できる**のでしょう。

心理15 自分の意見を言うのが恥ずかしいと感じる

何のためにエネルギーを使っていますか？

このパターンを持つ人の多くは、

人の注目を集めることに強い抵抗を感じています。

周りの人たちとのかかわりの中で、注目を集めないように、つまり人から〝見えない〟ように景色に溶け込んでいることにエネルギーを使っている場合が多いのです。**注目を集めてしまうことが起きると恥ずかしいと感じる**のです。自分の意見を言うことは人から注目を集めることなので、意見を言うことも恥ずかしいと感じてしまいます。

このパターンは、

・人前で恥ずかしい思いをした

・子どもの頃から、ずっと人の注目を集めないように振る舞ってきた

などの体験を持つ人に多くみられます。

このパターンを持つある女性は、仕事で意見を言うとみんなから注目されるのではないかと思い、意見を言うことができませんでした。注目されると、身体がカーッとなり、顔が紅潮し、恥ずかしくなってしまい、身の置き場がわからなくなると思ってしまっていたのです。

自分の言った意見だけが周囲の人たちの意見と違うなどということになれば、それこそ大変です。たちまち注目を集めることになってしまうばかりか、「変なこと言っている」と思われてしまうかもしれない。そうならないためには、周囲と違った意見を言わないことが大切だったのです。

周囲の人がうなずいたら、自分もうなずくこと。周囲の人が黙っていたら、自分も黙っていること、周囲の人が右と言ったら、自分も右と言うこと、多数決では多数派の意見に手を挙げること、こういうことが大切なことであり、それを続けて注目を集めずにいるためにエネルギーを使っているのです。

周囲から注目されない（＝見えない）ようにするために使うエネルギーというものは、無意識に使っているものかもしれませんが、非常に大きなものなのです。

〝見えない〟ように振る舞うには、できすぎてもできなくてもダメなのです。いつも出すぎず、かといって引っ込みすぎず。それをコントロールするためには、かなりのエネルギーを使うことになります。

前述の彼女は、「あまりできすぎると見えてしまう、かといって、できないとそれでも見えてしまう、それなら、中の上くらいのポジションを維持しなくては」と思い、中の上を維持することにエネルギーを使ってきました。

しかし、よく考えてみると、〝見えない〟ためにエネルギーを使っているというのはばからしいことです。

人は誰でも、できる部分とあまり得意でなくてできない部分があるのは当たり前です。長所もあれば短所もあります。できることとできないことがあるからこそ、また長所があり短所があるからこそ、個性があり魅力があるのです。

〝見えない〟ことに多くのエネルギーを使うことをやめて、自分らしくいるためにエネルギーを使っていくと、のびのびと自由に生きている感覚を手に入れることができるのです。そのためには、〝見える〟ことを楽しめるようになるとよいのです。

心理16

独りでできない気がする、人と対等にやれない気がする

大人にならないほうがいい⁉

このパターンを持つ人たちは、自分が何かをやろうと思っても、誰かのサポートがないとできない気がする。何となく周囲の人たちと自分は対等にできない気がしてし

まいます。

例えば、何かの仕事を任せられたとき、それが**能力的に自分独りでできるようなことであったとしても、周囲の人にサポートを求めてしまいます。**

例えば、会議の場で、今話に出ている仕事を、もし自分が任されてしまったらどうしようと思っています。「もし任されたとしたら、誰に助けを求めたらいいだろうか？」「誰も助けてくれなかったらどうしよう」と不安を募らせています。

だから、自分の意見を言うなんてとても難しいことになってしまいます。自分の意見を言うとしても、それに賛同して自分の意見を後押ししてくれる人の助けが必要なのです。

このパターンを持つ人たちにとって、世の中は自分独りで生きていくにはとても難しく、危険に満ちた世界に映っているのです。

彼らには、自分と周囲について特別な見え方をしています。自分の周りの人は自分よりずっと大人で、自分だけが子どものように見えてしまっているのです。

このパターンを持つ人たちは、

「大人にならないほうがいい」

「子どもっぽいほうが愛される」と思い込んでいます。大人にならず子どもっぽいままでいるほうが、かわいがってもらえるし、たくさんのサポートももらえるのです。

それだけならば便利でもあるようですが、その代償はとても大きく、自分独りで生きていくことに対する大きな不安を持つことになります。

社会に出ている私たちは、もちろん子どもではありません。**自立したひとりの大人なのです。**

もちろん頭ではそういうことはわかっているでしょうが、**そのことを頭だけでなく、心でも理解することが必要です。**

心理17　要求するのは自分勝手な感じがする

それは本当にわがままですか？

このパターンを持つ人は、自分のことを何か相手に要求しようとしたときに、自分のことで相手に要求するのは、自分勝手でわがままな感じがして言えないと思い込んでいます。だから**自分のことで、他者に必要な要求ができない**のです。

このパターンを持つ男性のケースです。彼は、「この仕事を進めている間は、毎日帰る前に私に今日の進捗を報告して帰ってください」と同じプロジェクトチーム内の部下に言おうと思ったのですが、それを言うと自分勝手な感じがすると思い、それを部下に要求しませんでした。

でもこのプロジェクトは、毎日上司に進捗を報告するために、部下の仕事がどこまで進んでいるかを自分が把握しておかないといけなかったのです。

しかし部下に報告することを要求できなかったので、毎日部下が帰った後に、自分で部下の仕事をチェックして、どこまでやっているかを把握したのです。

本来は、部下に報告してもらったほうが自分の手間もかからず、自分が楽なだけなく、仕事の効率もよいはずなのですが、それを強要するのは自分勝手でわがままな感じがしてしまって言えなかったのです。

このパターンの人は、**自分のことを相手にいろいろと要求することは自分勝手なことだという誤った考え方**を持っています。

彼らは、

「自分のしてほしいことを相手に求めてはいけない」

「相手に求めることは自分勝手な人がやることで嫌われることだ」

と教えられてきています。

だから、当然相手に求めていいことですら要求できなくなっているのです。

もちろん必要なことを要求したとしても、自分勝手なわけではありません。

このパターンから脱出するためには、**要求することに対するネガティブなイメージを、ポジティブなものに変えること**が必要です。

心理18
発言してもどうせ望みどおりにはならないと思い込んでいる

やってみなければわからないのに……

このパターンを持つ人は、

「自分が相手に何を話したところで、自分が望んでいることはどうせわかってもらえない」

と思い込んでいます。

自分が何を望んだとしても、自分の言葉はたいした影響力を持たないし、自分の発言では何も変わらないと思っています。だから、「どうせ……」と思い、自分の望みを口にしないのです。

彼らの中には、今までに人にわかってもらうことに無力感を持った経験を持ち、あきらめてしまっている人が多いようです。

それは例えば、

・**幼少期から、親に求めていたことがわかってもらえなかった**

・**幼少期から、自分が欲しいものを欲しがることができなかった**

などの体験です。

過去の経験から、相手にわかってもらうことや、自分の考えを通すこと、自分の望みをかなえることなどに対して無力感を持ってしまっています。

そして、自分なんかが何かを言ったところで何も変わらないと考えてしまっています。人によっては、自分が言ってもかなわないという考えに留まらず、自分が求めても幸せになれないとまで思い込んでいる場合すらあります。

このパターンを持つある女性は、仕事で「自分の望みが通るはずがない」と思い込んで〝本当の自分〟を表現することが全くできずにいました。

同じ意見でも、同僚が言えば周りの人が理解してくれるような気がするのですが、自分が言うとおそらく理解してもらえないだろうと思ってしまいます。

いつも「自分が意見を言ったってどうせ聞いてもらえるわけないから、言ってもしょうがない」と思ってしまいます。

そのうちに、仕事でもあきらめ気分を強く持つようになり、自分はどうせ仕事がちゃんとできないという感じまで持ってしまうようになっていました。

「どうせ望んだようにはならない」という考えは、持ち続けると、あきらめや無力感が強くなり、仕事に対する自信まで失ってしまいます。

望んだところで変わらないというのは事実ではありません。やってみないとわからないはずなのです。

このパターンから脱出するためには、**自分の欲しいものを求めることをあきらめないという気持ちを養うこと**が大切です。あきらめない気持ちが養われれば、自然に要求ができるようになっていくのです。

心理19 良い人だと思われたい

自分の気持ちを我慢していませんか？

このパターンを持つある男性は、3人の部下を持っている管理職です。彼は最近、部下たちが仕事中に無駄話をしていることがどうしても気になっていました。少しくらいの無駄話ならば、彼も気にしないで済ませられるのですが、それが度を越していて、とにかく無駄話が多いのです。

部下たちは、30分と静かに仕事をしていることがありません。さすがに彼も「少し無駄話を控えるように」と注意したいと思うのですが、それがなかなか言えません。注意しようと思っても、言葉を飲み込んでしまうのです。

「今、せっかく部下たちと良い関係を築くことができているのに、もし注意して、嫌われてしまったらどうしよう」そう思うと、なかなか注意ができないのです。

またあるとき、部下が提出した資料に間違った箇所がありました。そのことを部下に注意しようとも思ったのですが、やはり言葉を飲み込んでしまいました。

「部下から、嫌味を言う人だと思われるんじゃないか」「あら探しをしていると思われるんじゃないか」と考えてしまい、注意ができなかったのです。

結局彼は、部下の間違いを指摘することなく、部下に黙って自分で間違った箇所を修正してしまいました。

彼はどうも、**注意したり指摘することで嫌われたくない、「良い人と思われたい」という気持ちが強い**ようです。

このパターンを持つ人は、
・**幼少期から〝イイ子〟と言われてきた**
・**幼少期から、親が嫌がることを言ったり、嫌がる行動をとることを避けてきた**
・**親の期待に添おうと行動してきた**
などの体験を持つ人が多いのです。

他者から、良い人と評価されることに喜びを感じていて、良い人と思われないとつらいのです。そして彼らの多くは、幼少期から〝イイ子〟を演じてきた人たちです。

ところで、〝イイ子〟とは何でしょうか?

最近よくテレビや新聞のニュースで、子どもたちの暴力や犯罪などの問題が起きたときに、「普段はイイ子だったのに、あの子があんなことをするなんて信じられない」といったコメントを聞くことがあります。イイ子だった子が問題を起こすことが多いので、イイ子すぎると問題だとすら言われるようになってきました。

子どもというのは本来、欲求のまま自然な感情を表すものです。したがって、子どもは言うことを聞かないのが自然だし、わがままなのが自然なのです。

だからイイ子すぎるというのは、自然な欲求や感情を我慢しすぎているということになります。イイ子というのは我慢している子なのです。

ずっと我慢して抑えてきた自然な感情や欲求が、我慢しきれなくなってあるとき爆発する。これが、イイ子が暴力や犯罪の問題を起こすという背景なのです。

実は、イイ子が大人になった良い人も全く同じです。**良い人でいると、自分の気持ちをたくさん我慢することになってしまいます。**

さすがに大人は良い人だからといって、暴力や犯罪などの問題を起こすことはないかもしれませんが、それでも我慢が続くと、あるとき病気になってしまうことだってあります。自律神経失調症や心身症・うつ病などは、その典型的な例なのかもしれません。

どうも私たちは、良い人をやめていったほうが、楽に楽しく生きることができるのかもしれませんね。

このパターンからの脱出のポイントは、**自分らしく、そして自然に生きることを目指す**ということなのです。

心理20 **相手に合わせないとロクなことがないと思い込んでいる**

自由に振る舞うのは危険なこと?

「もし相手の言っていることに合わせなかったとしたら、悪いことが起きてしまう」

そう思い込んでしまっているのがこのタイプです。

だから、言いたいことを言うと、その後で何か悪いことが起きるのではないかと思ってしまい不安になります。

「A君に任せていたんだけど、実績が出ない。あの仕事はA君には無理だね。そう思わない？」と上司に聞かれた彼は、「私はまだしばらく担当のAさんにその仕事をやってもらってもいいのではないかと思います。その仕事はうまくいく可能性があるのではないかと思います」と自分の考えを言ってみました。

それは、誰もがやりたくないような困難な仕事を一生懸命にやっているAさんが、批判されないように擁護する意味で言っただけだったんですが、彼の言い方が適切ではなかったのか違うニュアンスに伝わってしまったみたいです。

「それなら担当を変えるから、君がA君のやっている仕事を担当して」と、彼が担当することになってしまいました。

その仕事はできれば担当したくない、でも上司から言われたらNOとは言えない。上司からすると、彼が「自分ならその仕事をうまくやる方法がある」と言っているように聞こえてしまったようです。

「やっぱり、相手に合わせていないとロクなことがない」彼はつくづくそう思ったそうです。

「相手に合わせなかったらロクなことはない」と思ってしまうのは、**過去に自分の意見を言ってよくない結果を招いた体験をしてしまったから**です。

彼は、「口は災いのもと」と口癖のように何度も言っていましたが、彼の経験上、本当に口が災いを呼んでいるのです。相手に合わせないとロクなことはないと思い込んでしまうと、自分の意見を言うと本当によくないことが起きるのです。

彼らは、相手に合わせていないと安全ではないので、合わせていることで安心を得られるようになってしまっているのです。

もちろん、合わせないと悪いことが起きるなんてことはありません。彼らは、**安全を求めることよりも、自分らしく自由に振る舞うことのほうが心地よいと理解すること**が必要です。

心理21　相手に合わせている、そのことに気づいていない

「原因不明のストレス、心身の不調」の深層

「自分が相手に合わせているのに、そのことに気づいていない」というのはどういうことでしょうか?

それは、**知らない間に相手に合わせてしまっているのですが、自分としては合わせ**

ているつもりがない、だから、合わせていることに気づきもしなければ、どうして合わせているのかという理由もわからないという状態です。

私のところに相談に来られる方の中で、理由はわからないけどとてもストレスがたまる、どうしてかわからないけどイライラが強い、と訴える方々がいます。

その方々に、「あなたは人に合わせやすいですか？」と質問すると、「いいえ、人に合わせているという意識はありません」と答えます。

でも、何度か面談を重ねていくうちに、「自分が人に合わせていたことに今まで気づいていなかった」ということに気づいていきます。つまり自分で意識することなく人に合わせていたということです。

このパターンを持つ人の特徴としては、自分で気づいていないだけに、相手に合わせていることの苦痛は感じないけれども、**自分でも理由がわからないストレスがたまり、身体の痛みや不調、原因不明の不安感や無気力感といった状態を訴える人が多い**ことです。

このパターンを持つ人は、

・腹が立っていることが自分でよくわからない
・怒りがわかない
・嫌か嫌じゃないかわからない
・自分がやりたいことがわからない

といった人が多いようです。そして、

・今までに怒りを我慢してきた
・昔からあまり腹が立つことがない
・昔から人のことなどをあまり嫌と感じなかった

といった経験を持っています。

このパターンから脱却するためには、**まず嫌なことを嫌と感じるようになることが**大切です。嫌だという感覚を感じるようになって初めて、自分が本当は何を感じているのか、本当に同意しているのか、それとも嫌だけれど合わせているのかがわかってきます。

心理22 うまくやれるのが怖い

順調にいき始めるとなぜかミスをしてしまう

誰しもうまくやりたいと思っているはずなのに、うまくやるのが怖いというのはどういうことでしょうか?

このパターンを持つある男性は、**仕事などがうまくいきそうになると気持ちが安定しなくなってしまう**と訴えていました。何となくこのままではよくない気がしてしまうのです。

無意識に「うまくいかないように」という気持ちが働いてしまうためなのか、肝心なところでミスをしてしまったり、言い間違えをしたり、大切なことを報告していなかったり、ということが起きてしまいます。

だから結果的に、途中までうまくいっていた仕事もうまくいかなくなるのです。この前もそうでした。大きな物件の契約が取れそうになったときのことです。

この物件の案件は、わずか3か月前に偶然知り合った人からの紹介で、とんとん拍子に話が進んでいったものでした。この契約がまとまると、会社にとっても大きな貢献をすることになります。この契約の話が進んでいく過程は社内の注目も集めていました。

彼はそのとき、何となく〝うまくいくことに不安〟を感じていたそうです。**「このままうまくいっていいのだろうか？」という気持ちが強くなって**きました。そして、ほぼ契約がまとまり始めた頃に、彼はミスを連発するようになりました。

修正前の図面を持っていく、大事な連絡をしてなかったために約束の日時に見積りが間に合わない、お客さまからの要望を担当部署に伝えていない、挙句の果てには見積もりの簡単な足し算すら間違った資料を持っていくなど。

ミスが立て続けに起きると、さすがに彼のことを気に入っていたはずのお客さまからも大きなクレームが出されてしまいました。

せっかくここまでとんとん拍子でやってきたのに、彼はその仕事から外され、彼の上司が彼の仕事を担当することになってしまいました。そして社内の評価も下げてしまう結果になってしまったのです。

そのときに彼は、残念だという気持ちと同時に、「どこかホッとした気持ちも感じた」そうです。

このパターンを持つ人は、

「自分はうまくいってはならない」

と心の奥底で思っています。

「もしうまくいきすぎると、その後でとても悪いことがある」

と思っているのです。

子どもの頃から、あまり幸せそうにしていなかった家族の姿などを通して、物事がうまくいくはずがないと無意識に思い込んでいることが多いようです。

「うまくいきすぎることが怖い」

「幸せになると悪いことが起きそうな気がする」

「自分は最後には不幸になる」

と思っている人は、知らず知らずにこのパターンを持っているのかもしれません。

まずは、**自分は価値がある素晴らしい存在だと認めていくこと**が必要です。

無意識の思い込みをどうやって変えるのか？

いかがでしょうか？

〝本当の自分〟を表現することを邪魔している理由として、ピンとくるような項目はあったでしょうか？

実際にチェックをしてもらうと、ひとつだけではなく、いくつかの項目について当てはまることが多いものです。

このような思い込みを変えるにはどうしたらいいのでしょうか？

これらの思い込みはほとんど無意識に行なわれているといいました。つまり、

「自分の意思で、そう考えよう」

と思って意識しているものではなく、

「よく思い返してみると、そう考えているようだ」

と、自分でも気づかないうちについ考えてしまっているという性質のものです。

だから、

「このように考えるのはやめよう」

と考えてもなかなか修正できません。そう考えようと思っていても、

「またつい、気づかないうちに考えてしまっていた」

というものです。

この無意識の思い込みを変えるには、
新しい考え方を無意識レベルに浸透させる必要があるのです。
次章から、その具体的方法について明らかにしていきます。

第3章

いい人すぎて“結果が出せない人”のための「感情のトレーニング」

「どきどき」や「嫌」を感じることから始めよう

〝考え方〟だけをいくら変えてもうまくいかない

第3章と第4章では、前章までで述べたことの解決方法を説明していきます。

ここでの解決方法は大きく2つの観点から述べています。

ひとつは〝感情〟を解決することに関する方法、もうひとつは〝考え方〟を変えるための方法です。

この2つの方法はセットで実施する必要があります。もしかすると片方だけでは効果がないかもしれません。


例えばあなたの知り合いの中にジェットコースターが怖くて乗れないという女性がいたとします。

その人は過去に友達に勧められてジェットコースターに乗った経験があるけれど、とても怖い思いをして「昔乗ったときに振り落とされるかと思った。あんなに危険な乗り物はもうコリゴリ」と言っています。

彼女がジェットコースターを楽しめるようにするために、どうやって支援することができるでしょうか？

彼女に「ジェットコースターなんて危険はないのだから怖がる必要はないよ。楽しめばいいいんだよ」と言い聞かせても、そう簡単にジェットコースターを楽しめるようになるわけではありません。

いくら楽しいと言って聞かせても、それは考え方を頭で理解させようとしているだけに過ぎないからです。彼女は、ジェットコースターは危険じゃないから楽しめばいいと言われても、頭ではわかっても楽しく乗れることはありません。

彼女がジェットコースターを楽しめるようになっていくことがあるとするならば、それはジェットコースターに対する怖さが減ったときです。

ジェットコースターに対する恐怖が強いうちは、どんなに理屈で危険じゃないと言い聞かせようとしても心が受け入れないのです。

でも、ジェットコースターが怖くなったならば、ジェットコースターが楽しい乗り物だという考えも受け入れることができるかもしれないのです。

同じことが、例えば上司が怖いのでつい上司に合わせてしまい、言いたいことが言えないという人にも当てはまります。

「そんなに上司を怖がらなくてもいいでしょ！　我慢せず言いたいことを言ったほうがいいよ」とアドバイスしたとしても、それを頭では理解できたとしてもなかなか実行できません。

　言いたいことを我慢せずに言うということが実行できるとすれば、それは上司に対する怖さが減ったときです。

　この例で**「我慢せずに言いたいことを言ったほうがいい」と頭で理解することが〝考え方〟を変えるための方法だとすると、上司に対する怖さを減らすのが〝感情〟を解決するための方法です。**

まずは「感情を解決するトレーニング」から

　私たちは、正しいことを頭で考えて問題を改善しようとします。

　例えば、もっと自分の考えをハッキリと言ったほうがいい、もっと自分に自信を持ったほうがいい、もっと嫌なことは嫌と態度に表したほうがいい、などと、もっともなことを理解することだけで、問題を解決しようとするのです。

しかし、それではなかなか変わりません。**「そうするほうがいいと、頭ではわかっているんだけど……やっぱりできない」**という結果になってしまうことが多いのです。それは、頭では正しいとわかっていても気持ちがついていかないからです。つまり**〝考え方〟は理解できたけれど、〝感情〟は解決できていない**のです。

かといって、感情だけを解決すればそれでよいかと言えばそうではありません。例えば、上司をそれほど怖く感じなくなったとしても、上司に自分の意見を主張しようと考えなければ、意見を主張できるようにはなりません。

つまり、感情だけを解決しても問題の改善にはならないのです。

しかし、考え方を理解し、そして感情を解決すると、私たちはそんなにたいへんな労力をかけることなく問題を解決できるのです。

これを読んでいる方の中には今までに、もっと自分を表現できるようになろうとチャレンジして挫折《ざせつ》した方もいるのではないでしょうか。

挫折した方の多くは、考え方だけを変えて自分に納得させようとしてきたのではないでしょうか。そこが、今までの方法の限界だったとも言えるのです。

感情と考え方の両方を解決する。このやり方だと解決が可能になるのです。

それでは早速、感情解決する方法と考え方を変えていく方法を見ていきましょう。トレーニングは全部で17あります。

このなかから、自分に必要だと思うものをいくつか選んでやってみてください。必要か否かは、感覚で選んでください。選ぶ数はいくつでも構いませんが、必ず両方から、つまり感情からも考え方からも選んでください。

トレーニングは、

- **できるだけ毎日1回、1回5分ほどの時間をかけて**
- **リラックスできる環境で**
- **期間の目安は2週間から1カ月ですが、自分なりに効果が出たと思うまで**

続けてください。

アタマではわかっていても
感情が解決していないと……

1

「嫌」は「嫌」とすぐに感じるトレーニング

自分の〝本当の気持ち〟がよくわかるようになった！

嫌なことを嫌と感じるというのは当たり前のことのように聞こえるかもしれません。でも、こんなことはないでしょうか？

・**自分が嫌なのかどうかわからない**
・**自分が本当は嫌だったことがしばらくしてからしかわからない**
・**何が嫌かわからない**

このような状態は、**「嫌」という感情をうまく感じることができていない**から引き起こされているのです。

したがって、これらの改善のためには、「嫌」と感じることが得意になる必要があるのです。つまり、自分を表現する前に、自分が嫌なことや好きなことをハッキリ認識するために行なうものです。

トレーニング方法は次のとおりです。

①１日の終わりに、その日「嫌」と感じた場面を思い出す
②「嫌」と感じた場面に、今いるつもりで「嫌」の気持ちを感じる
③「嫌」の気持ちを、新聞紙でクッションを叩きながら吐き出す
（新聞紙は棒状に丸めた状態で使用する。できれば「嫌」と言葉に出して、叩くのは10回くらい）
④ゆっくり、息を吐く

このトレーニングを毎日繰り返すことによって、「嫌」という気持ちをより強く感じるようになってきます。

「嫌」という感情を感じるようになるのはそんなに難しくありません。なぜなら、「嫌」という感情を人は誰しも持って生まれてきているのです。つまり誰しももともとその感情を持っているのです。だから「嫌」は学ぶものではなく持っているものを再活性化していくだけなのです。

このトレーニングを実施したある男性は、職場の同僚との会話中には、自分が同僚から言われたことが「嫌」かどうかがわからず、家に帰ってから同僚から言われたことが「嫌」だったとわかるということが多かったのです。

ある昼休みの歓談中、同僚がおどけながら「おまえが社内キャンペーンで表彰されたりして」と笑った言葉に、彼も「まさかね」と同調して笑ったのですが、その会話の後何となくすっきりしない気分を感じていました。

彼が、同僚のおどけて言った言葉が嫌だったとわかったのは家に帰ってからだったのです。しかし、彼は嫌という自分の気持ちがわからなかったので、相手に伝えることができませんでした。

彼はトレーニングを始めて10日後には、嫌なことを言われたその2~3分後に「嫌」だとわかるようになりました。その後2カ月後には、嫌なことを言われたそのときに「嫌」と感じるようになりました。そのことによって、**より自分の気持ちや本当の自分がわかるようになってきた**ことを感じています。

このトレーニングは、継続することで「嫌」なことを「嫌」と早く、そして強く感じるようになるという変化が現れます。

ハハハ…
おまえがなァー
嫌
嫌
トレーニング中
ムカッ
おまえってサァー

2

「怒り」をきちんと感じるトレーニング

面倒くさい仕事をいつも押しつけられていたけど……

「怒り」が苦手という人は多いのではないでしょうか。「怒り」を感じるトレーニングは「怒り」を感じない人だけでなく多くの場合に有効です。

例えば次の場合などです。

・自分が腹が立っているのかどうかわからない
・「怒り」を感じても我慢してしまい、後で嫌な気分になる
・批判されることが怖い
・批判された後、とても落ち込む
・自分が正しくても、相手が強く言うと自分が間違っている気がしてしまう
・相手が怒るのではないかと怖い
・人が怒っている姿や争いが怖い

このトレーニングを行なったある女性は、自分は「怒り」を感じないばかりか、自分には「怒り」なんて感情はないと思っていました。そしてまた怒っている人がとても苦手だったので、不機嫌そうな人には逆らわず従順な対応をしていました。

そういう性格だからか、同僚から湯のみ洗いなど面倒くさい仕事を押しつけられることも多かったのですが、そのことについて腹が立つこともありませんでした。

それでも彼女の業務処理能力は高く評価されていたために、同僚を指導する立場という役割も与えられていたのですが、先輩社員から、「顔がかわいいだけでやってこられるんだ」「ふさわしくない人が指導者をやっている」などと嫌味を言われても言い返すことも、腹が立つこともありませんでした。

トレーニングを1カ月ほど行なった後、以前にはなかった変化に気づきました。自分がムッとする（怒りを感じる）ようになっていたのです。

そのうちに同僚から嫌味を言われるとムッとして、「それどういうこと？　もう1回言って」と言い返すようになりました。

それが何度かあった後、同僚は嫌味を言ってこなくなってきたばかりか、面倒くさい仕事を押しつけられることもなくなったそうです。それと同時に、くよくよすることも減り、自分に自信も出てきたと感じていました。
「怒り」のトレーニング方法は次のとおりです。

①1日の終わりに、その日「腹が立つ」と感じた場面を思い出す
②「腹が立つ」と感じた場面に、今いるつもりで「怒り」の気持ちを感じる
③「怒り」の気持ちを、新聞紙でクッションを叩きながら吐き出す
（新聞紙は棒状に丸めた状態で使用する。叩くのは10回くらい。「腹が立つ」と言葉に出してもよいですが、言葉に出さず「怒り」の気持ちを身体の中から吐き出してクッションに叩きつけているイメージだけでもいいのです）
④ゆっくり、息を吐く

「怒り」のトレーニングを続けていくことによって、**自分の腹立たしい気持ちに気づきやすくなり、腹立たしい気持ちを表現することに抵抗が少なくなってきます。**そしてまた**他者の「怒り」や批判に対する怖さが減ってくる**のです。

3「わくわく」を感じるトレーニング

新しいことをするのが怖いあなたへ

あなたが何か新しいことにチャレンジするとき、どのような気分を感じるでしょうか。

やったことがないことを行動に移すとき、ある人は不安を、またある人は興奮に似た「わくわく」を感じます。どちらが自然かといえば、「わくわく」が自然な感情です。

小さい子どもは、何か新しいことをやるときに「わくわく」という好奇心を感じます。子どもはいろいろなことをやってみたくて仕方がないのです。

例えば3～4歳の小さな子どもの目の前に色マジックを置いておくと、ほとんどの子が手にとって描いてみようとします。「どんな色かな？」「どんな絵が描けるかな？」と好奇心を抑えきれないのです。

小さい子の目の前に携帯電話を置くと、ほとんどの子は手にとって触り始めます。

大人がするように自分も電話をかけてみたいのです。パソコンだって楽器だって、ブランコだって、三輪車だって、いろんな初めてのものに好奇心が旺盛《おうせい》です。

それがいつの間にか、新しいことをやることに不安を多く感じるようになってしまい、知らないことをやるときに気持ちにブレーキをかけるようになるのです。

しかし、やったことがない新しい何かをやることに好奇心を感じるのは自然な姿です。このトレーニングは、本来の自然な気持ちを呼び戻すためのものです。

このトレーニングは、次の場合に有効です。

・行動するときに不安を感じる
・新しいことをやることに自信がない
・新しいことはどうやっていいかわからないと思ってしまう

「わくわく」を感じるトレーニングは次のとおりです。

①小さい頃の自分をイメージする
（できれば3〜4歳以前の自分）

②小さい自分が何か新しいことをやろうとしている場面を想像する
（例えば、見たことがない道具、電気製品のリモコンやクレパスなどに興味を持っている場面など自分で空想してみます）
③新しいことをやろうとするときに「わくわく」好奇心を感じている場面を想像する
（2〜3分ほど）

このトレーニングを行なったある男性のエピソードです。彼は、今までにやったことがない新しい仕事については、不安を強く感じるために行動に移すまで時間がかかってしまいました。

また、言葉も慎重に選んでしゃべることが多く、経験がないこと（知らないこと）は自信なさげにしか話すことができませんでした。いつも「やったことがないから自信がない」と思ってしまうのです。

また、新しい仕事を任されると、強い緊張を感じていました。「どうやったらいいのかわからない」と混乱してしまうのです。

あまりしゃべらす、行動に移すのに時間がかかる、そんな様子から社内では、積極性に欠けると評価されていたようです。

彼が、このトレーニングを毎晩やり始めて3週間ほどたった頃から、**新しいことで自信がないことであってもそれを言葉にすることに不安感や心配が少なくなってきている**ことに気づきました。

根拠はないのですが、漠然と大丈夫かもしれないと思えるようになり、**やったことがないことをやるときに緊張感の代わりに興奮を感じるようになった**のです。

4 「どきどき」を感じるトレーニング

結果がわからないから面白い

また、「わくわく」を感じるトレーニングの代わりに、**新しいことをやるときに心配になってしまう**人向けに「どきどき」を感じるトレーニングも紹介します。

このパターンの人の特徴は、**自信がないというよりも絶対確かだとわかるまで「本当に大丈夫かな？」と考え続ける**というものです。

いつも、確証を求めているのですが、新しいことに絶対確かな答えは得られません。だからずっと考え続けてしまいます。

新しいことを行動する前にあれこれと考えを巡らすのですが、彼らの多くは考えているのではなく「大丈夫だろうか？」と心配しているだけであることが多いのです。

考えは結論に至ることがありますが、心配は結論に至ることはありません。

この問題を解決するには「心配しても仕方ないからあれこれ考えるのはやめよう」

と心配することをやめてしまうしかないのです。
そこで、心配が強い人は次の場面をイメージすることもお勧めです。

①小さい頃の自分をイメージする
（できれば6～10歳頃の自分）
②小さい自分が結果がわからないことをやろうとしている場面を想像する
（例えば、人生ゲームのゴール間近でサイコロを転がす場面や、トランプゲームで自分に配られたカードを見る場面にドキドキしている場面を空想します）
③結果がわからないことをやろうとするときに「どきどき」好奇心を感じている場面を想像する（2～3分ほど）

考えてみてほしいのですが、結果がわからないことは面白いことなのです。ポーカーの配られたカードを見るとき、どのようなカードが自分に来ているかがわからない、だから楽しいのです。

結果を心配する代わりに、結果がわからないから面白い、カードを見る瞬間の「ど

きどき」、それを感じてほしいのです。それを感じるために、このトレーニングを行
なっていくのです。

5 罪悪感を減らすトレーニング

相手が怒っても、私は悪くない

このトレーニングは、相手が持った感情に対して、自分が罪悪感を持ってしまう人向けのトレーニングです。

このトレーニングは次の場合に有効です。

・相手が怒ると怒らせた自分が悪いと感じてしまう
・相手が嫌な顔をすると、嫌な思いをさせた自分が悪いと思う
・相手を悲しませると、悲しませた自分が悪いと思う
・相手が喜んでくれないと、自分が悪いと思う

つまりこのトレーニングに該当する人は、「相手が心地よいと感じるようにするべきであるし、相手がネガティブな感情を持ったとしたら、それは自分の責任である」

と思っているのです。

このトレーニングの手順は次のとおりです。

①今までに、相手が持った感情に対して自分が悪いと思った場面を思い出し、イメージする
（できるだけ昔の場面がよい）
②相手の顔を目の前にイメージして、「私は悪くない」と宣言する
③その言葉がまぎれもない事実だと理解する

「私は悪くない」という言葉が納得できない方もいるかもしれません。しかし悪くないというのは事実です。

なぜならば、相手の感情はその人だけがコントロールしているのです。

例えば、あなたが誰かに対して「このバカ野郎！」と怒鳴ったとします。

あなたの言葉に対して、泣く人もいれば、怖がる人もいるかもしれません。

逆に「なぜあなたにそんなことを言われなきゃいけないんだ」と怒る人もいるかも

しれません。

また、感情を交えず冷静に「あなたはそう思っているのですね。でも私は自分が間違っているとは思いません」と言葉を返す人もいるでしょう。

あなたが何かを言ったとしても、相手が持つ感情はさまざまです。

つまり、**相手がどのような感情を持つのかは、相手が決めていることであって、あなたが決めていることではない**のです。自分が持った感情の責任は、全部自分にあるのです。

だから、「**あなたがどのような感情を持とうが、私は悪くない（私の責任ではない）」が正しい**のです。

6 嫌われる怖さを減らすトレーニング

相手の嫌がる顔を見ても、もう動揺しない

このトレーニングは、相手に嫌われてしまうことへの不安を軽くするためのものです。

このトレーニングを実施したある男性は、部下に嫌われてしまうのではないかと思い、部下に伝えるべき事柄（特に部下が嫌がるのではないかと思うこと）をハッキリと伝えることが苦痛でした。

２週間にわたるトレーニングの結果、部下が嫌がることを伝えたときに、部下の嫌そうな顔を見てもあまり気にならなくなってきました。

以前ならば、部下の嫌な顔を見ると自分がおどおどしてしまうような気がしていたのですが、部下の嫌な顔を見ても、自分が平常心でいられる感覚が強くなってきたそうです。

このトレーニングは次の場合に有効です。

・相手から嫌われてしまうのではないかと思ってしまう

・相手が嫌な顔をしていることがつらい

・相手が嫌がりそうだと思ったら、必要なことでも言えない

嫌われる怖さを減らすトレーニングは次の手順です。

①今までに、人から嫌な顔をされた場面を思い出し、イメージする

（できるだけ昔の場面がよい）

②嫌な顔をした相手の顔を目の前にイメージして、「嫌われても私は死なない」と宣言する

（嫌われたって死なないというのはまぎれもない事実です。過去に嫌われても、嫌な顔をされても、今あなたは生きているのですから）

③その言葉がまぎれもない事実だと理解する

本来、人と人が一緒に仕事をやっているわけですから、嫌なことが全くなく仕事をやり続けるなどというのは不可能に近いでしょう。わざわざ人が嫌がるようなことをするのは論外としても、最小限嫌なことも受け入れていく必要があります。

相手の嫌な顔を見ても心が動揺しなくなる、そうなったらもっと言いたいことが言えるようになります。

7 相手の感情に引きずられないトレーニング

私は私、あなたはあなた

このトレーニングは、「罪悪感を減らすトレーニング」（136ページ）と同様、自分の感情は自分がコントロールしているという考え方がベースになっています。

このトレーニングは、

・相手が悲しそうな顔をすると自分も悲しくなる
・相手が喜ばないと自分もうれしくないので、相手を喜ばそうとする
・相手の感情に流されやすく、すぐかわいそうになる

といった人に効果的です。つまり、相手がネガティブな感情を持ったときに、自分が悪いと思うのではなく、その感情と同調してしまう人なのです。

このトレーニングを実施したある女性は、相手がうれしそうな顔をしないと自分もうれしくないと思ってしまう傾向が強いために、相手がうれしそうな顔をするよう過剰に気をつかってしまいます。相手がうれしそうな顔をしてくれないと、自分も落ち込んでしまいます。

このトレーニングを3週間ほど行なった後、彼女は自分が接した相手がつまらなそうな顔をしていたのもかかわらず、「別に仕方ない」と気にならなかったそうです。以前ならば、自分もつまらない気分になったはずなのに、変わってきていると感じたのです。

このトレーニングは下記の手順で実施します。

①今までに、相手が持った感情（つらい、またはつまらない、悲しい、かわいそうなど）に対して自分が引きずられたと思った場面を思い出し、イメージする

（相手がつらそうな顔をしたときに自分もつらくなったような場面、できるだけ昔の場面がよい）

②つらそうな（またはつまらなそうな、悲しそうな、かわいそうな）相手の顔を目の前にイメージして、「私は私、あなたはあなた、私とあなたは別の感情を持った人

間です」（または「あなたが嫌な顔をしても、私は生きていける」）と宣言する
③その言葉がまぎれもない事実だと理解する
④相手と自分の間に指で線を引く
（相手は相手、自分は自分、別の人間だという気持ちで線を引く。そのときに「あなたと私は別の人間です」と宣言してもよい）

前にも述べたように、その人の感情はその人がコントロールしています。もしイライラしている人が「あなたがそんな態度をとるからイライラするんだ」と、自分のイライラを相手の責任にしてしまったならば、その人が自分のイライラを解消するためには相手に謝らせるなど相手の態度を変えようと、つまり相手をコントロールしなくてはならなくなります。

相手を変えることは難しいことです。変えることができるのは自分なのです。相手を喜ばせようとしていることも相手を変えようと（コントロールしようと）していることなのです。相手と自分は別の感情を持った別の人間です。

8 「怖れ」を受け入れるトレーニング

会議の場でももう大丈夫！

このトレーニングは、怖い感情を減らすときに有効です。
例えば、次のような傾向が強い人向けのトレーニングです。

・人前でかなり緊張する
・相手が批判的になると怖い
・相手が怒ると過剰に怖い

このトレーニングは、次の手順で行ないます。

①1日の終わりに、その日「怖い」または「緊張する」と感じた場面を思い出す
②「怖い」「緊張」を感じた場面に、今いるつもりで「怖れ」の気持ちを感じる
③「怖れ」の気持ちを感じていることについて、「私は怖い。でも怖い気持ちを感じる

ことは自然で当然だ」と言葉に出し、怖い気持ちを我慢せずに受け入れる
(受け入れるために自分で自分を抱きしめるようなしぐさをしてもよい)

④「怖れ」の気持ちが減っていったら、ゆっくり、息を吐く

このトレーニングを行なったある男性は、会議の場で緊張し声がうわずることが多かったそうです。しかしこのトレーニングで、会議で発言している場面を想像し「僕は怖い、でも怖いのは自然なことでおかしなことではない、だから怖くてもいいんだ」と自分に言い聞かせました。

それを4~5日繰り返すうちに、会議の場で声がうわずっていないことに気づきました。つまり**怖れを受け入れるうちに緊張が減っていた**のです。

彼が緊張していたのは、会議の場で〝本当は不安(怖い)〟にもかかわらず、それを我慢してちゃんと話そうとしていたからなのです。

「怖れ」の感情は、「我慢しよう」「抑えよう」と思えば思うほど怖さが増していきます。「怖れ」の感情を自然なものとして、「怖くてもよい」と受け入れると、その怖さは消化されて減っていくのです。

第4章

いい人すぎて"結果が出せない人"のための「考え方のトレーニング」

〝あなた本来の力〟が生きれば仕事も人生もうまくいく

新しい〝考え方〟に上書きするために必要なこと

本章では、考え方を変えるためのトレーニングを紹介します。

私たちが何かの行動や反応をするとき、その根底には何かの考え方があります。

例えば、リストラに遭った人が落ち込んで元気がなくなっているとすれば、もしかすると「リストラ対象にされるなんて、自分はダメなやつだ」と考えているのかもしれません。

またリストラを宣告されてから元気になっている人がいれば、その人は「これでこの会社から解放され、新しい人生を歩める」と考えているのかもしれません。

つまり、私たちの行動や反応の根元には、考え方があるのです。

ネガティブな考え方を持つと、反応や行動もネガティブになりやすく、逆に建設的な考えを持つとポジティブな反応や行動として表れやすいのです。

考え方を変えるトレーニングは、本当の自分を表現するのに不都合がある今までの考え方を、建設的な新しい考え方で上書きするというやり方になります。

古い考え方を新しい考え方で上書きするといっても、パソコンのファイルのように1回上書きすれば済むというものではありません。

考え方を上書きして新しいものに書き換えるためには、書き換え保存が完了するまで何度も繰り返す必要があります。

では、考え方を変えるためのトレーニングを見ていきましょう。

9

自分の存在価値を高めるトレーニング

「自分はダメだ」と落ち込まなくなった!

このトレーニングは、自分の存在価値を高めるためのものです。

このトレーニングはあらゆる人に有効ですが、特に次のタイプ人には高い効果が期待できます。

- **特に根拠はないけれど、自分に自信がない**
- **人より劣っている、または人よりできないと思ってしまう**
- **自分は生きる価値があると思えない**
- **自分は愛される価値がある人間だと思えない**
- **責任ある立場など任せられても役割を果たせないと思っている**

私たちは、何かをやったから自分を評価できるとか、何かをやっていないから自分を評価できない、というレベルよりさらに根本にあるともいえる〝自分に対する評価〟を持っています。

それは例えば、難しい仕事を与えられたときに、根拠はないけれども何となく自分にならばできそうな気がするという人がいれば、同じく根拠はなくとも何となく自分にはできないのではと感じる人がいるものですが、その差を決める要素といえるものです。

自分に対する評価については、その人の経験とは無関係に、子どもの頃からベースとして一定のものを持っている場合が多く、よほどの出来事がない限り大きく変化することがありません。

自分の存在価値を高めるというのは、この感覚を高めるというものなのです。

このトレーニングを行なったある男性のケースです。彼は、上司から褒められると元気がよくなり自己表現もできるのですが、上司から叱責されると「自分はやっぱりダメだ」と落ち込み、自分の意見も極端に言わなくなってしまいます。

また、同じ職場の同僚が褒められていると、自分のことを何か言われたわけではないにもかかわらず、自分がダメな気がして落ち込んでしまい、仕事に消極的になっていました。

トレーニングを1カ月ほど続けた後、彼は上司から**叱責された後、自分はダメだと感じることがなくなっている**ことに気づきました。その結果、叱責されても落ち込まなくなっていたのだそうです。

「昔から、もっと打たれ強くなりたいと思っていたのですが、このトレーニングで打たれ強くなれました」と喜んでいます。

このトレーニングの手順は次のとおりです。

①小さい頃の自分が目の前にいるというイメージをする

（できれば3〜6歳くらいの自分をイメージする）

②自分が目の前にいる小さな自分に優しい気持ちを持つ

（優しい理想的な親になったような気持ちになるのがよい）

③小さな自分に「あなたはとても価値がある」「あなたは重要な存在だ」と優しく語りかける

④小さな自分を抱っこしている空想をする（１〜２分）

自分に対する自分の評価を高めることによって、自分自身に自信が持てるようになり、積極性も出てきます。

このトレーニングは、今現在自分にある程度自信があるという人であっても、より自信を深めることが可能になりますので、すべての人にお勧めです。

10

自分の意見に自信を持つトレーニング

反対されても意見が言えた！

このトレーニングは、自分の意見に自信を持てない人に効果的です。

・自分の考えていることなんて、もうみんなも考えているようなこと

・自分の意見は他の人の意見よりたいしたことない

と思う人たちは、自分の意見を重要だと思えていないのです。

このトレーニングを行なったある男性は、自分の意見を言うときに心の中で〝すみません〟という申し訳ない気持ちを持っていたのだそうです。

何が申し訳ないのか本人にもよくわからなかったのですが、意見を言うときにおどおどするような気分を感じていたそうです。

トレーニングを続けるうちに、まずその申し訳ない気持ちがなくなっていることに気づきました。

そして、自分の意見に対して反対されると、以前ならばそこで「ああ、そうですね」と自分の意見を引っ込めていたのですが、「でも私は……」と自分の意見を主張するようになっていました。

さらに、数カ月が経過した頃、いつも会議は慣習で役員室に近い6階で開催されていたのですが、彼は提案しました。

「4階会議室で実施したほうが途中で追加資料が必要になったときなどにすぐに取りに行けるので、時間もかからずに済むのではないでしょうか」

このように、以前ならあまり関心がなかったような小さな事柄に関しても、意見を言うようになっていることに気づいたそうです。

このトレーニングの進め方は次のとおりです。

①小さい頃の自分が目の前にいて、自分の意見を言っているイメージをする

（できれば3～6歳くらいの自分をイメージする。小さな子どもは自分が考えたことを無邪気に大人に話して回るものです。そういう自分を想像します）

②自分が目の前にいる小さな自分に優しい気持ちを持つ。そしてその子の意見を楽しそうに聞いてあげている想像をする

（優しい理想的な親になったような気持ちになるのがよい）

③小さな自分に「あなたの話は面白い」「あなたの話すことは重要だ」と優しく語りかける

④小さな自分を抱っこしている空想をする（1〜2分）

このトレーニングを続けていくことによって、**自分の意見の重要さを感じていくことができる**ようになります。

11 嫌われることを気にしなくなるトレーニング

相手に嫌われたって生きていける！

このトレーニングは、**相手に嫌われたくないと考えて気をつかってしまう人**に効果があるものです。

このトレーニングを行なったある女性は、お客さま向けのサービスの一環として自社会議室で10人未満の少人数イベントを企画・開催する仕事を任されていました。

しかし、大きな予算を使う企画でもないので上司からあまり大きな価値を感じてもらっていないのか、上司が臨時部内会議のために使用する会議室の都合などの理由で、すでにお客さまにイベントの企画を告知した後にもかかわらず、簡単に日程変更や開催中止の指示を出してきます。

少人数とはいえ参加を楽しみにしているお客さまもいるので、彼女としては申し訳ない気持ちなのですが、上司から嫌われたくないと考えると「はい」と答えて従うしかできませんでした。

しかし、嫌われることが気にならなくなってきたら、みんなの前で「もう参加予定のお客さまもいるので、日程変更はしたくないです」と自然に言葉にできたそうです。

このトレーニングは、嫌われることそのものをあまり気にしなくすることを目的としたものです。したがってその結果、自然と言いたいことが言葉に出せるようになってくるのです。

このトレーニングは次の手順で行ないます。

①今までに、相手から嫌われそうになった場面（または嫌われてしまった場面でも可）を思い出し、イメージする
（できるだけ昔の場面がよい）
②嫌われそうな場面での相手の顔を目の前にイメージして、そのときの嫌な気持ちを感じてみる
③その相手に「あなたに嫌われても私は生きていける」と宣言する
④その言葉がまぎれもない事実であると理解する

「あなたに嫌われても生きていける」という言葉はまぎれもない事実です。

嫌われることを極端に怖れるという気持ちの奥底には、嫌われるということはとても危険なことだという思い込みがあります。しかし、**嫌われたとしても生きていけないほどの危険はない**ということを心で理解していくことが大切なのです。


ある女性が、「もう生きていても仕方がない」「死にたい」と訴えてきたことがあります。睡眠薬を大量服用して救急車で病院に運び込まれ、その翌日私と面談しました。

睡眠薬を服用するくらいですから、彼女はそのとき本当に生きていても仕方がないと思っていたのだと思います。そのときのやりとりの一部を紹介します。

「もう、生きていても仕方ないので死にたい」

〈何があったのですか？〉

「彼に嫌われてしまったのです。その彼は会社で私の上司でもあるのです」

〈彼に嫌われたら本当に生きていくことができないのですか？〉

「もう彼とお別れだし、会社にもいづらいし、生きていけません」

〈彼と別れると、会社をやめると、生きていくことができないのですか？〉

「……まあ、生きていけないことはないですが生きていく希望がありません」

〈目の前にあなたを嫌いになった彼をイメージして「あなたに嫌われても私は生きていける」と宣言してみてください〉

「あなたに嫌われても生きてはいける」

〈その言葉を10回繰り返して宣言してください〉

「あなたに嫌われても生きていける」（10回繰り返す）

〈それは事実ですか？〉

「まあ、確かに事実といえば事実です」

〈今、死にたい気分はどうですか？〉

「まあ、今は死ななくてもいいかなと思えてきました」

彼女の中で、嫌われるという出来事がそんなに大きなものではなくなっていったので、死にたい気分が変化したのです。私たちは、たとえ相手に嫌われたとしても、ほとんどの場合、生きていけないほどの危険はないのです。

12 駆り立てる気持ちを減らすトレーニング

「頑張らなければ」から解放されて、楽になれる

このトレーニングは、強すぎる駆り立てる気持ちを緩和していくためのものです。

駆り立てる気持ちは、

・**頑張らなければならない**
・**キチンとしないといけない（ちゃんとしないといけない）**
・**強くないといけない（弱いところを見せちゃいけない）**

の3つです。

駆り立てる気持ちは、頭でわかっていてもなかなか減らすことは難しいのです。

なぜならば、今まで自分はそうやってきたから生きてくることができたと信じているからです。つまり、頑張ってきたからやってこられたたし、弱いところを見せなかったから生きてこられたのです。

でも、駆り立てる気持ちが強くなりすぎると不都合も多くなります。

〝頑張らなきゃ〟〝ちゃんとしなきゃ〟という気持ちが強すぎると、頑張れない、またはちゃんとできない自分が嫌になり、自己嫌悪に陥ります。

弱いところが見せられない気持ちが強くなりすぎると、自己弁護や言い訳が多くなってしまうかもしれません。

強すぎる駆り立てる気持ちは、自分らしく仕事をするために都合がよくない部分も多いのです。

このトレーニングは下記の手順で行ないます。

①小さい頃の自分が目の前にいるというイメージをする

（できれば3〜6歳くらいの自分をイメージする）

②自分が目の前にいる小さな自分に優しい気持ちを持つ

（優しい理想的な親になったような気持ちになるのがよい）

③小さな自分に「弱いところがあっても大好きだよ」「弱いところがあってもあなたは重要な存在だ」と優しく語りかける

（「弱いところがあっても」の言葉は、「頑張っていなくても」「キチンとしてなくても」と自分を駆り立てるものに置きかえる）

④小さな自分を抱っこしている空想をする（１〜２分）

このトレーニングを「弱いところがあってもよい」という言葉で行なったある男性は、部下に企画書の書き方について指摘をしたときに「リーダーがこの書き方にしろとおっしゃったからこのように書いたんですけど」と反論されました。

以前ならば、部下の言葉に対して自分を正当化するための言い訳をあれこれとしていたと思うのですが、あっさりと「そうだったんだ。それは申し訳なかったね」という言葉が出てきて自分でも驚きました。

以前の彼にとっては、自分の間違いを認めることは弱いところだったのですが、それをオープンにしても自分は重要であると思えるようになってきているのです。

駆り立てる気持ちが強すぎると、「本来の自分よりももっと……」という気持ちが働くので、本来の自分ではダメな気がして、本来の自分をオープンにできなくなってしまいます。

駆り立てる気持ちはあまり強くないほうが、本当の自分でいられるのです。

私はカウンセリングを通して多くの人たちと会いました。カウンセリングでは仕事上の普通の会話よりかなり本音の部分、心の奥深くの部分についての話をすることが多いのです。だからその人の内面がよく理解できることが多いものです。

私は今まで会った人の中で、もちろん私自身も含めて〝強い人〟を未だ見たことがありません。自分を強く見せかけようとしている人にはたくさん会いましたが、強い人はいませんでした。

人は誰でも弱い部分を持っていて、強い人なんていないのではないかと思うのです。しかし、もし「私はこんなに弱いのですよ」と自分の弱い部分を包み隠さずに堂々とオープンにできる人がいるとしたならば、その人こそが本当に強い人なのではないかと思います。

13 もっと楽に物事を決められるトレーニング

後悔したら後悔したときのこと

決めることに葛藤する。このトレーニングはそんな人に効果的です。

このトレーニングを行なったある女性は、来期からの自分の希望職務内容を決めて会社に提出しようとすると「本当にそれで後悔しないのか、別の職務のほうがよいのではないか」と葛藤し、頭の中がいっぱいになってしまいます。

そして葛藤の末やっと決めて、書類を提出した後も「本当にそれでよかったのか？」と考えても仕方がないとわかっていながらもあれこれと考えてしまいます。

彼女は仕事のことだけではなく私生活のことに関しても何かを決めようと思うと葛藤してしまうために、決めるまでにかなりエネルギーを使うことが多く、常日頃から「もっと決断力が欲しい」と思っていました。

このトレーニングをやっていくうちに、彼女は決めることに〝多くのエネルギーを使わなくなった〟そうです。
決めるときに、ふと「後で後悔したら……」という気持ちもわいてくることがあるのですが、「まあ後で後悔したら後悔したときのことだ」という気持ちがすぐにわいてくるので、決めるときの葛藤がグンと減り、決めた後でくよくよすることも減ったそうです。

このトレーニングは、
・決めるときにかなりの葛藤をする
・決めようとするとどっちがいいのか考えがまとまらなくなる
・決めた後で「本当にそれでよかったか」と悩む
などの理由で、決めることが苦手という人に効果的です。
トレーニングの手順は次のとおりです

①小さい頃の自分が目の前にいて、その子が自分で決められない様子をイメージする
(できれば3~6歳くらいの自分をイメージする。その子は、自分で決めずに誰かが決めたことに従っているか、自分で決めることに自信がない。そういう子どもの

自分を想像する）

②自分が目の前にいる小さな自分に優しい気持ちを持つ。そしてその子に「間違ってもいいよ、自分で決めてごらん」「ゆっくりでいいよ、待っててあげるから自分で決めてごらん」と語りかける

（優しい理想的な親になったような気持ちになるのがよい）

③小さな自分を抱っこしている空想をする（1〜2分）

決めるときに葛藤する人は「間違ってはいけない」と思い込んでいます。そして「後で後悔するような決定をしてはいけない」とも思い込んでいます。

決めるときに葛藤する人たちの多くは、子どもの頃から間違わないようにとあらゆることを親が決めて、「ああしなさい、こうしなさい」と言われてきたのです。そして、親が決めたこと（「こうしなさい」と言われたこと）に従ってきたのです。

その影響か、決めるときに人からあれこれと口を出されることを嫌いますが、自分で決めるときには葛藤してしまいます。

決めるときに間違わないように決めるなんて不可能です。後で「しまった、やっぱりあっちにしておけばよかった」と後悔したとしても、それは当たり前のことなのです。

このトレーニングを2週間ほど継続した後、①〜③の後に、次の④を加えてみましょう。

④「私は決めるとき、60％は間違う」「私は決めたことの50％は後で後悔する」と宣言する

（％は50％以上で設定してください。60〜80％くらいがおすすめです）

この言葉が理解できるようになると、**決めることはもっと楽になり、決めた後にくよくよしたり、後悔することが減っていきます。**

14

注目されることが心地よくなるトレーニング

うれしいと感じている子どもの頃の気持ちを取り戻そう

- **注目を集めることが恥ずかしい**

- **注目を集めないことを目的にして（なるべく注目されないように）行動する**

- **〝人から見えない〞ために エネルギーを使う（目立たない意見、多数派に同調など）**

そういう人に効果的なのがこのトレーニングです。

このトレーニングを行なったある男性のエピソードです。

彼は、「こんな意見を言うと注目を集めてしまうかもしれないから言うのはやめよう」「リーダーになりたいとも思うけど、リーダーになると注目を集めてしまうから、自分には向いていない」「あまり目立たないような服装が好ましいのに、今日のネクタイには赤いポイントが入っている、みんなから注目されたらどうしたらいいだろう、不安だ」などと、〝**人から見えない**〟**ようにしていることが自分の行動を決定するベースになっていた**のです。

「自分がやりたい仕事は何か？」ではなく、注目を集めない仕事の中で自分がやりたいこと、「着たい服はどの服か？」ではなく、注目を集めない服の中で自分が好きなもの、と〝人から見えない〟ことを満たした選択肢の中から行動を選択するのです。

そんな彼がトレーニングをしていくうちに、注目されることが心地よいと感じるようになってきました。

自分が発表した企画がみんなの賞賛を浴びたとき、以前ならば小さくなって「そんなたいしたことではないです」「いえ、たまたまです」などと謙遜《けんそん》する言葉ばかり口にしていたのが、自分のうれしい気持ちと口から出た「ありがとうございます」という言葉に自分でも驚きました。

このトレーニングは注目を集めることを心地よくするものです。

手順は次のとおりです。

①小さい頃の自分が目の前にいて、その子が注目を集めて楽しそうにしている様子を

イメージする

（できれば３歳～６歳くらいの自分をイメージする。小さい頃、子どもは本来、注目されるとうれしいのです。そういう自分を覚えていないかもしれませんが、あなたももともとそうだったのです。注目されるとうれしいと感じている小さな自分を想像します）

②自分が目の前にいる小さな自分に優しい気持ちを持つ。そして注目されて喜んでいるその子と一緒に「うれしいね」と喜んでいる自分を空想する（１～２分）

（優しい理想的な親になったような気持ちになるのがよい）

子どもは本来、注目されるとうれしいのです。注目を集めたいからいろんなことをやって見せたりします。注目されたときにうれしいと感じるのはもともと自然なことなのです。

仕事で自分を表現するためには、多くの場合、他者からの注目は避けられない部分もあります。**注目されるのが心地よくなってくると、自分を表現することも楽になってくる**のです。

15 自分はこれがしたいと思えるトレーニング

欲しいものを欲しがっていい、したいことをしていい

このトレーニングは、自分の欲求を我慢してしまう人に効果的です。欲求を我慢してしまう人とは、例えば、次のような人です。

・自分のしたいことがよくわからない
・自分のしたいことをやってはいけない感じがする
・自分のしたいことを我慢する

このトレーニングを行なったある女性は、自分のやりたいことがよくわからないと言っていました。だから上司から「あなたはどうしたいの?」と聞かれても、自分のしたいことが答えられなかったのです。そのせいか、上司から「優柔不断なのはよくない」と注意を受けたこともありました。

しかし、トレーニングをやっていくうちに、「私はこれがしたい」「私はこうしたい」といった気持ちが自分の中に自然にわいてくるようになったそうです。

今までは自分でもどうしたいのかわからなかった自分の欲求がはっきりとわかるようになってきたのです。

したいことがよくわからない場合、「自分の欲しいものを手に入れてもよい」と考えられるように変わることが必要になります。

このトレーニングは次の手順で行ないます。

①小さい頃の自分が目の前にいて、その子が自分の欲求を我慢している様子をイメージする
（できれば5～9歳くらいの自分をイメージする。その子は、小さい頃に自分の欲求を我慢するように育ってきていることが多いものです）

②自分が目の前にいる小さな自分に優しい気持ちを持つ。そしてその子に「欲しがっていいよ」「自分が欲しいものを選んでいいよ」と語りかける
（優しい理想的な親になったような気持ちになるのがよい）

③欲しいものを手にして喜んでいる小さな自分を想像し、その子と一緒に喜んであげている場面を空想する（1〜2分）

私たちは、**自分の欲しいものを手に入れていい、自分のしたいことをしていいのです。欲しいものを手に入れたり、自分のしたいことをしたからといって、人から嫌われるとか、悪いことが起きるというのは、正しくない**のです。

自分の欲しいものを手に入れたり、したいことをすることに罪悪感を持っている人は、子どもの頃から親や兄弟に遠慮して「自分だけだったら申し訳ない」という気持ちを持っていたという人が多いのです。

このトレーニングを2週間ほど継続した後、①〜③の後に④を加えてみましょう。

④「私は欲しいものを欲しがります」「私は欲しいものを手に入れます」「私はしたいことをします」と宣言する

この宣言を繰り返し、その言葉に罪悪感を持たなくなったならば、さらに変化を獲得できるでしょう。

もし、欲求を我慢するというよりも、

・自分が幸せになってはいけないという感じがするので、したいことができない

・幸せになると悪いことが起きると感じることが行動のブレーキになっている

という感覚のほうがピッタリ当てはまるという人は、トレーニングの「欲しいものを欲しがる」という言葉を「幸せになる」に置き換えてやってみるといいでしょう。

16

人の批判に強くなるトレーニング

批判や拒否にくよくよしない

このトレーニングは、

・批判されると自分が落ち込んでしまう

・拒否されると傷ついてしまう

といった人、つまり相手の批判や拒否に極端に弱い人に効果的です。

ある男性のエピソードです。彼は、ちょっと批判的なことを言われても落ち込んでしまい、その後家に帰ってからも何度も批判されたことを思い出していました。だから**なるべく相手から批判されないよう気をつかい、まわりくどい言い方をする**ことが多かったのです。

また相手から拒否されても、そのことが後々頭から離れてくれないために、拒否されないよう直接的な言い方をせずになるべく柔らかい言い方をするよう気をつかいすぎていました。

しかし、人の批判に強くなるトレーニングを3週間続けるうちにちょっとした変化を感じました。

上司から、「そんなことはいちいち聞いてくるんじゃなくて、少しは自分で考えなさい」と厳しい口調で言われたのです。

以前ならば、こういう言い方をされてしまうとかなりこたえていたはずです。そして家に帰ってからも何度もそのことを思い出し、寝るときも何度も思い出されてなかなか寝つけなかったはずです。

しかしながら、家に帰って寝るときまで、そのことを思い出すことがありませんでした。寝るときに「あっ、そういえば今日そんなことがあったな」とちょっと思い出しただけで、すぐに眠りについてしまいました。

このトレーニングの手順は次のとおりです。

①今までに、相手から批判または拒否された場面を思い出し、イメージする

（できるだけ昔の場面がよい）

②批判または拒否された場面での相手の顔を目の前にイメージして、そのときの嫌な気持ちを感じてみる

（おそらくは怖れの感情を感じる人が多い）

③その相手に「私は傷ついても生きていける」と宣言する

④その言葉がまぎれもない事実であると理解する

このトレーニングを続けて行なっていくと、**批判に強くなり、批判されたときのショックも少なくなっていく**のです。

17 自分らしく生きるトレーニング

もっとわがままになって生きよう！

このトレーニングは、

・相手のことを優先し、自分のことは我慢する
・自分のことを主張するのは、自分勝手でわがままなことだと感じてしまう
・人に甘えちゃいけないと思ってしまう
・相手が困っていると自分の仕事を犠牲にしてでも何とかしてあげなきゃと思いすぎてしまう

などの人に効果的です。

このパターンは、相手の感情の面倒をみてきた人に多いと言われています。「相手の感情の面倒をみる」とは、例えば子どもが自分の欲求を我慢して親を喜ばせようとするものです。

ある人は、小さい頃から母親が義母と関係が悪く、義母にいじめられいつも泣いていたので、「母親をこれ以上自分が悲しませるようなことをやってはいけない」と思い、母親を喜ばせようと努めてきました。

このように子どもの頃から親の感情の面倒をみていて、親を喜ばせようとしているイイ子なのです。

もちろんそのこと自体は決して悪いことではないのですが、子どもにとって親の感情の面倒をみてイイ子に振る舞うというのは、子どもらしい欲求（つまり子どもらしさ）を我慢するということになるのです。

本来子どもとは、わがままで、甘えていて、そして自分の感情に正直なものです。それが自然な子どもらしさです。

子どもは大人になっていくにつれて、それらをコントロールする術を身につけていくものなのですが、子どもらしさを過剰に我慢してしまった場合、子どもらしさが失われ、そして自分らしく生きているという実感も失ってしまうことになります。

そういう人たちは、本当の自分を表現することを我慢してしまっている代わりに、周囲からイイ人と評価されているかもしれません。

イイ人も悪くないかもしれませんが、イイ人すぎるとやはり仕事で自分を表現することは難しくなります。大切なのは、バランスではないでしょうか。

このトレーニングは、イイ人すぎることをやめたいと思っている人にも有効です。

トレーニングの手順は次のとおりです。

①小さい頃の自分が目の前にいて、その子が子どもらしく振る舞うことを我慢している様子をイメージする
（できれば3歳〜6歳くらいの自分をイメージする。子どもらしく振る舞うことを我慢する様子とは、親の顔色をうかがっている、自分の気持ちを我慢している、遊びたいのを我慢している、甘えたいのを我慢しているなど、イメージしやすいもの）
②自分が目の前にいる小さな自分に優しい気持ちを持つ。そしてその子に「子どもらしくしていいよ」「やりたいようにやっていいよ」と語りかける
（優しい理想的な親になったような気持ちになるのがよい。語りかける言葉は「甘えてもいいよ」「わがままでもいいよ」「我慢しなくていいよ」などでもＯＫ）
③小さな自分を抱っこしている空想をする（１〜２分）

私たちは、**自分らしく振る舞ってもいいのです**。このトレーニングをやり始めた人の中には、「これを続けているとわがままな人間になって人から嫌われるのでは？」と心配する人がいます。

しかし、心配しなくて大丈夫です。もともとイイ人である彼らが、嫌われるほどわがままな人になることはありません。彼らは自分らしさを手に入れるだけなのです。

ある男性は、勧めている施設に、ゲスト利用者の方が来たときに、本来は会員になってもらうように勧めなければならないのですが、相手が困った顔をするとそれ以上勧誘できませんでした。「もちろん会員にならなくてもいいんですよ」と相手が言う前に自分から言ってしまうことすら度々でした。

しかし、自分らしさを感じ始めた頃から、**自分が言いたいことがあまり遠慮なく言えるようになった**だけでなく、ゲストの方にも会員になることを堂々と勧められるようになりました。

前述のトレーニングを2週間ほど継続した後、①～③に加えて次の④をやってみましょう。

④「私は自分らしく生きます」「私はもっとわがままになります」「私は我慢しません」と宣言する

さらに自分らしく振る舞うことができるでしょう。

おわりに
あなたはあなたのために生きよう

ここにひとつの詩があります。

「ゲシュタルトの祈り」という詩で、世界各地でカウンセリング手法として使われているゲシュタルト療法の創始者フレデリック・パールズが自らのグループカウンセリングで紹介していたといわれています。

ゲシュタルト療法は、人が本来の自分らしく生きることを目指した心理療法です。

この詩は本来の自分らしく生きるとはどういうことかを示唆してくれます。

私は私のために生きる
あなたはあなたのために生きる
私はあなたの期待に応えるために生きているのではありません
そしてあなたも、私の期待に応えるためにこの世にいるのではありません
あなたはあなた

そして私は私です
もし、私たちが出会えてわかりあえたならばそれは素晴らしいことです
でもわかりあえなかったとしても、それもまた仕方がないことです

いかがでしょうか？

「こういうふうに生きられたらとても楽そうだけど難しい」

そう思われた方もいらっしゃるかもしれません。

でも、本当の自分を表現して生きるのは、そう困難ではありません。


私たちが生まれた時、私たちはどんな人間だったでしょうか？

私たちが生まれた日、私たちは何をしたでしょうか？

生まれた日、私たちは、大きな声で泣きました。

大きな声で泣くことで、空腹を訴え、眠いことを訴え、不快感を訴えました。

力強く本来の自分を表現したのです。

本当の自分を精いっぱい表現する、これが私たちのもともとの姿です。

そして小さい頃、私たちはいろいろなことに好奇心が旺盛でした。
何でもやってみたいと思っていました。
大きな声を出し、大きく体を動かすのが好きでした。
私たちは、本当の自分を表現することが大好きだったのです。

それがいつ頃からか、本当の自分を抑えるようになりました
言いたいことを言わず、やりたいことをやらず、
興奮よりも不安を感じるようになってしまいました。

私たちが、本来持っている自分の能力を発揮して仕事をすることができれば、また本来の自分自身を１００％対人関係で表現できれば、毎日は大きく変わることでしょう。
私たちが持っている本来の能力のいくつかは、人を優先することで心の奥底に閉じ込められ、または人に同調することで発揮を妨げられています。

もっと自分らしく生きることを目指してみませんか。

自分らしく生きるということは難しいことではありません。

自分らしく生きるために、新しく何かを学習するのではなく、自分らしく生きるためには、本来の自分を取り戻すのです。

本書で紹介したトレーニングは、新しいことを覚えるというよりも、本来持っていた自分の能力を取り戻すという観点から組み立てられています。

私たちが本来持っている能力はとても素晴らしいものなのです。

本来の自分を取り戻すことができれば、本当の自分を表現して生きることができるのです。

本書では全部で17のトレーニングを紹介しました。

まずは、1カ月、トレーニングしてみましょう。

長い人生の中でたったの1カ月です。もし、1カ月やってみて変化を感じることができるならば、さらなる変化を目指してさらに続けていくのもよいでしょう。

これらのトレーニングは、心理療法的根拠を持ち、たいへん効果的な方法なのです。もし、このトレーニングで、自分がもっと本当の能力を発揮して生きることができるのならば、それは自分の仕事の成果や人間関係のあり方が大きく変わっていくことを意味しています。

著者

いい人すぎて“結果《けつか》が出《だ》せない人《ひと》”のための問題解決術《もんだいかいけつじゅつ》

2011年3月20日　　初版発行

著　者……倉成《くらなり》 央《ひろし》

発行者……大和謙二

発行所……株式会社大和出版

東京都文京区音羽1-26-11　〒112-0013

電話　営業部03-5978-8121／編集部03-5978-8131

http://www.daiwashuppan.com

印刷所……信毎書籍印刷株式会社

製本所……株式会社誠幸堂

装幀者……斉藤よしのぶ

装画者……岡村奈穂美

乱丁・落丁のものはお取替えいたします

定価はカバーに表示してあります

ISBN978-4-8047-6181-7